Zeitschrift für Ideengeschichte
Heft I/1 Frühjahr 2007

# Alte Hüte
# Entfremdung
# Coolness
# Untergrund



Herausgegeben von
Ulrich Raulff & Stephan Schlak

Redaktionsadresse:
Zeitschrift für Ideengeschichte
Deutsches Literaturarchiv Marbach
Schillerhöhe 8–10
71672 Marbach am Neckar

Für unverlangt eingesandte Manuskripte wird keine Haftung übernommen.

Die Zeitschrift für Ideengeschichte erscheint viermal jährlich.

Bezugspreis:
Einzelheft: € 12,00 [D]; sFr 21,90; € 12,40 [A];
Jährlich: € 40,00 [D]; sFr 73,20; € 41,20 [A];

Abo-Service:
Tel. (089) 38189-750
Fax (089) 38189-402
E-mail: bestellung@beck.de

Anzeigen:
Fritz Lebherz (verantwortlich)
Tel. (089) 38189-598
Fax (089) 38189-599
Zur Zeit gilt Anzeigenpreisliste Nr. 1

Gestaltung und Layout:
Wunderamt, München

Herstellung:
Simone Fridrich

Druck und Bindung:
Kösel, Krugzell

ISSN 1863-8937
ISBN 978-3-406-55940-2
Postvertriebsnummer 74142



Verlag C.H. Beck
Wilhelmstraße 9
80801 München

*www.z-i-g.de*
*www.beck.de*

# Einen Anfang machen

## Warum wir eine Zeitschrift für Ideengeschichte gründen

Die internationale Politik der letzten Jahre, die sich erneuernden Wertedebatten und die intensiv erlebte Wiederkehr der Religionen lassen keinen anderen Schluß zu: Die politische und kulturelle Gegenwart wird von Ideen geprägt, spukhaft oft, doch mit enormer Wirksamkeit. Wo der Beobachter lange Zeit nichts als mediale Phänomene und die Gravitation eines zunehmenden Materialismus zu erkennen meinte, treten wieder Ideen als bestimmende Kräfte und Orientierungsmächte zutage. Wer diese Gegenwart begreifen will, kommt nicht umhin, Ideengeschichte zu treiben. Wer sich angesichts des Drucks der Aktualität um «Denkraum» (Warburg) bemüht, bedarf des längeren Gedächtnisses des Archivs.

Jahrzehntelang galten ideengeschichtliche Untersuchungen als obsolet, methodologisch überholt, einem suspekten Platonismus hochkultureller Überlieferung und einem humanistischen Kult des Abendlands verpflichtet. An Ersatzangeboten war kein Mangel, von der Ideologiekritik bis zur Sozial- und Mentalitätengeschichte, vom Strukturalismus bis zur Dekonstruktion spannten sich die Bögen der antiidealistischen, antihistoristischen und antihermeneutischen Deutungsangebote.

Vierzig, fünfzig Jahre lang jagten sich die historischen Synthesebegriffe, die «Paradigmenwechsel» und die «turns» der Geisteswissenschaften, bis diese selbst, soziologisch aufgeklärt und kulturalistisch weise geworden, nicht mehr so heißen wollten. Eine gleichsam spätantike Religionenkonkurrenz interpretatorischer Moden und Methoden verdunkelte die Szene. Doch die damals aufgerichteten Bilder sind zerfallen. Die Schlagwortstürme haben sich gelegt.

Geblieben ist der Begriff der Ideengeschichte – und der Erkenntniswille, solche oft komplizierten Zusammenhänge sorgfältig zu rekonstruieren: Polemische und irenische Geschichten kommen zutage, Skizzen von Wanderwegen, Berichte von schwierigen Überlieferungen und unerhörten Wirkungen. Geblieben ist die Notwendigkeit, die langen Linien des Ideenverkehrs zu erforschen, die Rezeptionen und Transformationen, die Abbrüche und Neuaufnahmen. Geblieben ist der Wunsch nach Neuansätzen aus profunder Kenntnis des Archivs: Wie sich die Kunst aus dem Rekurs auf ältere Kunst erneuert, erprobt sich neues Denken im Angesicht des schon Gedachten.

Eine Zeitschrift, die im Jahr 2007 zum ersten Mal erscheint und sich ins Zeichen der Ideengeschichte stellt, reiht sich selbst in Traditionen ein. Sie knüpft an Intentionen und Programme an, die in Deutschland bis Anfang der dreißiger Jahre, etwa in der Meinecke-Schule, prägend waren. Die Traditionen, die damals in Deutschland abgerissen sind, lebten im anglophonen Bereich weiter, getragen von Autoren wie Ernst Cassirer, Paul Oskar Kristeller, Leo Strauss, Ernst Kantorowicz und vielen anderen, sichtbar in der Gründung des *Journal of the History of Ideas* durch Arthur O. Lovejoy im Jahr 1940.

Neben die Schule Lovejoys traten in den Jahrzehnten seit dem Zweiten Weltkrieg in England, Frankreich und Amerika die verschiedenen Richtungen der intellectual history und der Diskursgeschichte, in Deutschland die philosophische und politische Begriffsgeschichte (Erich Rothacker, Joachim Ritter und Reinhart Koselleck) und die Metapherngeschichte (Hans Blumenberg). Selbstverständlich trägt die Zeitschrift für Ideengeschichte diesen Traditionen reflektierend und diskutierend Rechnung; sie denkt selbstbewußt genealogisch. Aber sie verpflichtet sich nicht exklusiv einer dieser Methoden, die Geschichte der Ideen zu erforschen und zu schreiben.

Damit wird keinem fröhlichen Eklektizismus, keiner theoretischen oder methodischen Indifferenz das Wort geredet. Wie Generationen von Forschern vor uns fragen wir nach der Natur der Ideen: Sind sie mehr als erprobte Transportmittel für geistige Verdichtungen, kompakte Container für kulturelle Datensätze? Muß man sie als Funktionen anthropologischer Tiefenstrukturen begreifen? Ist der Mensch ein Wesen, das ohne Ideengenerierung nicht leben kann? Wie erklärt sich die soziale und kulturelle Wirkmächtigkeit einer Idee, und wer sind ihre Autoren und Träger? Statt uns an dieser Stelle an exklusiven Definitionen zu versuchen, schlagen wir vor, die Frage nach der veränderlichen Natur der Ideen und den kulturellen Kontexten ihres Auftretens prozessual zu behandeln. Als leise, aber unüberhörbare Anfrage soll sie den Lauf der Einzeluntersuchungen und -erörterungen begleiten, zu denen diese Zeitschrift heute aufbricht. Wie hieß es in einer unserer Gründungssitzungen? Selbstreflexion ist immer erwünscht, selbstgenügsame Metatheorie immer gefürchtet.

Die Zeitschrift für Ideengeschichte wird von den drei großen deutschen Forschungsbibliotheken und Archiven in Marbach, Weimar und Wolfenbüttel gemeinsam getragen. Mögen die Quellen der Zeitschrift im Archiv liegen, so ist ihr intellektueller Zielpunkt die Gegenwart. Sie beschreitet Wege der Überlieferung, um in der Jetztzeit anzukommen; sie stellt Fragen an das Archiv, die uns als Zeitgenossen des 21. Jahrhunderts beschäftigen. Am Beginn dieses Jahrhunderts Ideengeschichte zu treiben, bedeutet nicht gelehrte Abkehr von der Wirklichkeit. Es bedeutet, neue Zugänge zu ihr zu öffnen - über den Ideenspeicher des Archivs.

Der schlichten Sachlichkeit ihres Titels zum Trotz wird die Zeitschrift für Ideengeschichte kein forciert akademisches oder esoterisches Projekt sein, sondern sich an die gebildete Öffentlichkeit wenden. Dies tut sie, ohne in ihrem wissenschaftlichen Anspruch nachzulassen: In bibliografischen Angaben erblickt sie keine Störung des Lesevergnügens, in Fußnoten keine ästhetischen Spaßverderber. Haben nicht Autoren wie Isaiah Berlin, Michel Foucault oder Jean Starobinski bewiesen, daß zwischen Wissenschaftlichkeit und stilistischer Eleganz kein Gegensatz bestehen muß?

Die Zeitschrift für Ideengeschichte wird weder die Hauszeitschrift dreier Archive noch ein Spezialorgan für Traditionsforschung sein. Sie wird sich aktiv in international geführte Debatten und Forschungskontroversen einschalten und durch zahlreiche Beiträge von in- und ausländischen Mitarbeitern ihren Charakter als Forum der Forschung und der Reflexion zum Ausdruck bringen. Ein Blick auf die Besetzung ihrer Redaktion wie ihres Beirats zeigt die gleichsam natürliche, dem Charakter heutiger Diskussionsverläufe entsprechende Internationalität des Projekts. In ihrer sprachlichen Gestalt freilich verweigert sich die Zeitschrift solcher Buntheit: Einzige Sprache der Beiträge wird Deutsch sein. Wir beobachten die Diskursverläufe auf der internationalen Szene, wir beteiligen uns an ihnen, wir übersetzen. Und wir schreiben auf Deutsch.

Die Profilierung der deutschen Geisteswissenschaften, zu der in jüngster Zeit mehrfach aufgerufen wurde, manifestiert sich in dieser Neugründung in exemplarischer Weise. Zugleich korrigiert die Existenz der Zeitschrift für Ideengeschichte das vielfach beklagte Fehlen von Foren, namentlich von Zeitschriften, die eine fachübergreifende Kommunikation erlauben: Gründungen wie diese befreien die Geisteswissenschaften aus der falschen Alternative von Feuilleton oder Fachorgan.

Daß sie im Bereich der Ideengeschichte erfolgt, ist allerdings kein Zufall: In der Mitte des Dorfes der Geisteswissenschaften liegt gleich einer Allmende das grüne Wäldchen der Ideengeschichte, von dem auf seine Weise jeder seiner Anrainer lebt, für das sich aber niemand unter ihnen zuständig fühlt. Alle historisch denkenden und argumentierenden Geisteswissenschaften nutzen das Gedächtnis der Ideengeschichte und leben vom Formwandel und von der Überlieferung, vom Streit und von der Korruption der Ideen. Aber keine von ihnen fühlt sich bemüßigt, das Wäldchen in der Mitte des Dorfes zu pflegen. Nach dem Wunsch des Arbeitskreises, der die Redaktion unserer Zeitschrift bildet, soll das in Zukunft anders werden.

Jedes Heft der vierteljährlich erscheinenden Zeitschrift für Ideengeschichte wird einen Themenschwerpunkt haben. Ihm werden drei oder vier

Beiträge und eine kleine, eigenständige Einleitung gewidmet sein. Es folgen ein thematisch freier, großer Essay und eine Rubrik *Denkbild*, in der ein Bild oder eine Bilderfolge zum Thema werden. Einen weiteren Schwerpunkt des Heftes bildet die Sektion *Archiv*, in der überraschende Funde oder Neuerwerbungen aus den Sammlungen von Marbach, Weimar und Wolfenbüttel präsentiert werden. Hier werden Texte zu lesen und Objekte zu sehen sein, die nicht bereits von dichten Interpretationsschichten überzogen sind, sondern beim Leser oder Betrachter unverfälscht eigene Deutungsenergie wachrufen. Den Schluß der Zeitschrift bildet die Rubrik *Konzept & Kritik*, die kritische Berichte und Rezensionen von Neuerscheinungen, aber auch Re-Lektüren von Klassikern bietet und Konzepte für Bücher, Ausstellungen, Editionen und Forschungsvorhaben diskutiert.

Von ihrem Umfang und ihrer Anmutung her soll die Zeitschrift leserfreundlich bleiben: übersichtlich und als ganze rezipierbar. In den Gestaltungsmitteln eher zurückhaltend, ihren Inhalten verpflichtet, aber nicht gleichgültig gegen die äußeren Formen. Wenn am Ende dieser kurzen, von Skepsis gegen alle Editorials bewegten Einführung ein Wort der Hoffnung stehen darf, so lautet es: Möge es uns gelingen, in den kleinen Kreis der Periodika vorzustoßen, die ihre Leser auch nach Jahren noch gelegentlich begeistern, manchmal ärgern und immer wieder erstaunen. Der Gegenstand der vorliegenden Zeitschrift, die Geschichte der Ideen, eignet sich dafür in hervorragender Weise. Wie schrieb Arthur O. Lovejoy 1940 in der ersten Ausgabe des neuen *Journal of the History of Ideas*? «Es gibt nichts Wanderfreudigeres auf der Welt als Ideen.»

Ob sie in dieser Eigenschaft konkurrenzlos sind, bleibe dahingestellt; fest steht, daß sie auch zu den wandlungsfreudigsten Dingen der Welt gehören. In dieser Überzeugung, die Lovejoy vielleicht nicht mehr unterschrieben hätte, gründet unsere Hoffnung auf dauerhafte Interessantheit unseres Unternehmens.

Unsere Abneigung gegen Para- und Metatexte aller Art wird sich auch darin ausdrücken, daß zukünftige Hefte der Zeitschrift für Ideengeschichte ohne ein Editorial auskommen werden. Einzig der Themenschwerpunkt des jeweiligen Heftes wird durch einen kurzen, erläuternden Text eingeleitet, verfaßt von den beiden Mitgliedern der Redaktion, die es übernommen haben, die Autoren des Themas zu betreuen und ihre Texte zu edieren.

Das Thema dieses ersten Hefts, *Alte Hüte*, geht auf eine Anregung von Stephan Schlak und Ulrich Raulff zurück. Sie haben auch die drei Begriffe vorgeschlagen, die hier als «alte Hüte» firmieren: Entfremdung, Coolness und Untergrund (resp. underground). Gemeinsam ist den drei Konzepten eine eigentümliche Kurve von Aufstieg, diskursiver Hegemonie und Verfall. Eine Zeitlang beherrschen sie den kulturellen Diskurs, prägen die politischen, ethischen und artistischen Vorstellungen von der existentiellen Situation des Menschen, dem passenden Zeitstil und dem verborgenen Gang der Ideen. Allmählich aber läßt ihre Macht über die Geister nach, der Lauf des Denkens ändert seine Bahn, die Menschen träumen in anderen Bildern. Zurück bleiben alte Hüte, vergilbte Papiere und semantisch ausgewaschene Texte im Archiv. Bis eines Tages, wer weiß? jemand über sie stolpert und sie wieder aufsetzt, um im Schatten alter Hüte neue Gedanken zu denken.

Wenn man will, kann man in den drei Beiträgen dieses ersten Themas des ersten Hefts der Zeitschrift für Ideengeschichte eine kleine Skizze zum intellektuellen Haushalt der sechziger Jahre des vergangenen Jahrhunderts lesen, als diese drei Begriffe in ihrer schönsten Blüte standen. Aber wir wären schlechte Ideenhistoriker, wenn wir nicht sähen, daß diese drei Begriffe aus ganz unterschiedlich tiefen historischen Horizonten kamen – und daß zumindest einem von ihnen, der Coolness, noch neue Morgenröten winken.

*Die Herausgeber*

Martin Bauer

# Das Ende der Entfremdung

## I.

Gleich auf den ersten Seiten von *The Great Chain of Being* erklärt der amerikanische Ideenhistoriker Arthur O. Lovejoy seinen Lesern, warum sich die Ideengeschichte nicht für «ismen» interessiert. Ideologien seien «komplexe Gebilde», die erst zergliedert werden müßten, wolle man auf die «Elementarideen» stoßen. Sie aber sind nach Lovejoys Verständnis der eigentliche Gegenstand der Ideengeschichte. Die Elementarideen stellen die nicht weiter zerlegbaren Kostbarkeiten dar, nach denen der Ideenhistoriker im Flußbett der Tradition mit Fleiß, Geduld und geschultem Gedächtnis schürft. Lovejoy scheut sich, diese «ursprünglichen, beharrlichen oder immer wieder auftauchenden Elemente in der Geschichte des Denkens» formal zu definieren. Vielmehr legt er eine Typologie vor.

Lovejoy eröffnet die Liste mit «mehr oder weniger unbewußten Gewohnheiten des Denkens.» «Unbewußt» entgehen solche Annahmen dem «eye of the logical selfconsciousness». Das ist umso erstaunlicher, als sie nach Lovejoys Einschätzung durchaus entscheidend für die Eigenart einer philosophischen Lehre sein können, wenn nicht für die «vorherrschenden geistigen Strömungen einer Epoche».[1] Es wäre natürlich abwegig, von Lovejoys Typologie animiert, in jedem Vorurteil eine Elementaridee ausmachen zu wollen. Dieser Rang kommt ihnen nicht zu. Andererseits ist unübersehbar, daß der erste Typus der Lovejoyschen Elementarideen wichtige Merkmale mit dem mentalen Mobiliar teilt, das wir Vorurteile nennen. Er gehört gewissermaßen zur Familie der Vorurteile, handelt es sich doch um vorthematische, im Bedarfs-

1 Arthur O. Lovejoy: The Great Chain of Being. A Study of the History of an Idea, Cambridge MA, 1966, S. 5-6; deutsche Ausgabe, ders.: Die große Kette der Wesen. Geschichte eines Gedankens, übersetzt v. D. Turck, Frankfurt am Main 1985, S. 14-16.

fall analysierbare, zumeist jedoch unanalysierte Überzeugungen, die sich zu bestimmten Einstellungen - philosophischen, moralischen, politischen, ästhetischen, religiösen, etc. - konkretisieren. Daß sie sowohl von einzelnen Menschen als auch von Kollektiven, sogar von ganzen Populationen vertreten werden, muß nicht eigens betont werden. Erwähnenswert ist allerdings, daß sich Elementarideen wie Vorurteile auch zur intellektuellen Signatur eines Zeitalters verdichten können. Man denke nur, um einen besonders geschichtsmächtigen Fall heranzuziehen, an das ptolemäische Weltbild.

Unter dieser Perspektive erscheint die Idee der Entfremdung als eine geradezu ideale Kandidatin für Lovejoys ersten Typus. Ihr praktisch-politisches und theoretisches Umfeld ist auf der begriffsgeschichtlichen Landkarte des 20. Jahrhundert leicht abzuzirkeln. Sie wächst und gedeiht in Nährflüssigkeiten, die ihr der Neomarxismus der Zwischenkriegszeit zuspült. Unterzöge man die Petrischalen dieses «ismus» jener chemischen Analyse, die Lovejoy verlangt, stünde außer Frage, welche Elementaridee die Eigenart der neomarxistischen Laborversuche in all ihren unterschiedlichen Anordnungen auf den Begriff brächte: Es ist die Idee der Entfremdung, zeitgenössisch auch unter dem Alias «Verdinglichung» einschlägig, so etwa in dem 1923 erschienenen Grundbuch der jüngeren Entfremdungsdiskussion, in *Geschichte und Klassenbewußtsein* von Georg Lukács.[2] Daß Privateigentum an Produktionsmitteln die Menschen daran hindert, sich ihr soziales Wesen anzueignen, wäre die minimalistische Definition von Entfremdung. Die moralisch eingefärbte Paraphrasierung lautet, daß Warentausch im Resultat zur «Verdinglichung» der Bewußtseins- und Verkehrsformen führe. Denn wenn sich Menschen im gesellschaftlichen Umgang miteinander wechselseitig wie zu austauschbaren Gegenständen verhalten, wird ihre Würde angetastet. Nicht weil sie - anders als die Dinge - lebendige Wesen sind, sondern weil menschliche Würde seit Kant als der moralische Anspruch einer Person verstanden wird, nicht zum Mittel heterogener Zwecke herabgesetzt, sondern als Zweck an sich selbst respektiert zu werden. Kantische oder neokantianische Einfärbungen, die bei Lukács auch aus der Vermittlung über den Soziologen Georg Simmel anklingen, sind freilich nicht tonangebend im Idiolekt der neomar-

2 Georg Lukács: Geschichte und Klassenbewußtsein, in: ders.: Werke Bd. 2, Neuwied und Berlin 1968, S. 161-518; siehe insbesondere «Die Verdinglichung und das Bewußtsein des Proletariats», ebd.: S. 257-397.

xistischen Entfremdungskritik der dreißiger Jahre: Ihr Thema war nicht die bedrohte Autonomie des bürgerlichen Individuums, sondern die geschichtlich fällige Selbstbefreiung des Proletariats, die ex hypothesi zugleich die endgültige Emanzipation der menschlichen Gattung sein sollte. Kapitalistische Vergesellschaftung wurde nicht anhand moralischer oder ethischer Argumente kritisiert, sondern im Medium einer Revolutionstheorie. Und kein Mißverständnis könnte diese dialektische Philosophie der Geschichte für das Selbstverständnis ihrer Anhänger gründlicher entstellen als die Annahme, sie handle im Geheimen doch vom guten Leben. Nein, als Elementaridee setzt das Entfremdungstheorem seinen ganzen historisch-materialistischen Stolz darein, keine moralischen Töne zu spucken. Die Ohnmacht des Sollens findet sich mit dem auf die Füße gestellten Hegel belächelt, Gesellschaft im außermoralischen Sinne kritisiert.

Nicht minder unumstritten dürfte die weitere Behauptung sein, daß die Entfremdungsidee sowohl Individuen als auch ganze Generationen in ihrer intellektuellen Physiognomie geprägt hat. Von der Begriffsgeschichte kann man lernen, daß «Entfremdung» nicht nur synchron in unterschiedlichen Räumen des Wissens auftauchte, sondern sich auch diachron durch deren zeitliche Schichtungen zog. Insofern würde die Entfremdungsidee sogar als Leitfossil für eine Archäologie rezenter Sozialtheorien taugen. Am Auftauchen des Begriffs ließe sich mit einiger Gewißheit auf spezifische Wissenskulturen, auf politische Kraftfelder, die ihnen zuzuordnenden Mentalitäten und normative Prämissen rückschließen. Selbst Datierungsfragen wären mühelos entscheidbar, sollten sonstige Informationen zur Überlieferungsgeschichte fehlen. «Entfremdung» ist das Wasserzeichen ganzer Berge gelehrten Papiers gewesen, der Fingerabdruck auf militanten Flugschriften, die in Berlin und Berkeley, Paris, London und Rom zirkulierten.

Man hat ihre Spuren aber auch in den Werken Kafkas und den Theaterstücken Becketts, auf den Leinwänden Francis Bacons, in den frühen Filmen Antonionis und in der Musik der Zweiten Wiener Schule nachzuzeichnen versucht. Das Entfremdungstheorem schien einen Schlüssel zu liefern, mit dem sich sowohl die politische als auch die ästhetische Moderne einem Verständnis öffnete, das die Einheit der Epoche gesellschaftstheoretisch namhaft machen wollte. Auch fügten die mit dem Entfremdungsbegriff erfaßten Sachverhalte ein Forschungsfeld zusammen, das noch über die Mitte des letzten Jahrhunderts hinaus einen gemeinsamen Gegenstandsbereich der Sozial- und Humanwissenschaft verbürgte – zumindest für das materialistische Selbstverständnis einer Vielzahl ihrer Protagonisten. Wer hätte Michel Foucault Mitte der fünfziger Jahre widersprochen, als er in *Maladie mentale et Personnalité* forderte, die wahre Psychologie müsse sich «wie alle Humanwissenschaften das Ziel setzen, den Menschen von seiner Entfremdung zu befreien»?[3]

Angesichts der ungeheuren Prominenz des Entfremdungstheorems und des Umstandes, daß es – Foucaults Programm steht ja nur stellvertretend für einen nahezu unüberschaubaren Chor von Stimmen – normativ extrem aufgeladen war, muß die Behauptung, es handle sich bei der Entfremdungsidee um ein Vorurteil im Sinne Lovejoys, mit Widerspruch oder irritiertem Kopfschütteln rechnen. Sie mag anmaßend klingen, scheint wie gemacht für die neunmalklugen Apologeten des Marktes, die es immer schon gewußt haben, und setzt sich zudem über empirische Faktizitäten hinweg, die Soziologen und Historiker, Philosophen und Literaturkritiker, Psychologen und Anti-Psychiater jahrzehntelang für ausgemacht hielten. So ist unter den Begründungen, die unsere These stützen, ein Zeugnis umso willkommener, als es vom gegenwärtigen Direktor des Frankfurter Instituts für Sozialforschung stammt. Noch unlängst hat Axel Honneth nämlich unterstrichen, daß «kaum ein Begriff» die Arbeiten der «ursprünglichen Kritischen Theorie stärker und mit größerer Selbstverständlichkeit bestimmt» hat «als der der Entfremdung». Als solche ist diese Beobachtung bestimmt keine neue Fundsache aus den doxographischen Akten der Kritischen Theorie. Allerdings dürfte überraschen, welche Schlußfolgerung Honneth zieht: «Es war erst gar nicht nötig, den terminologischen Gehalt des Begriffs festzulegen oder zu umreißen, weil er als nahezu evidenter Ausgangspunkt aller gesellschaftstheoretischen Überlegungen gelten konnte.»[4] Offensichtlich ist selbst für die historische Binnenperspektive der Kritischen Theorie mit dem Entfremdungstheorem eine eidetische Einheit benannt, die Vorurteilscharakter besitzt. «So undurchschaubar die sozialen Verhältnisse auch sein sollten, so sehr sie

3 Zitiert nach Michel Foucault: Schriften in vier Bänden. Dits et Écrits, hrsg. von Daniel Defert und François Ewald unter Mitarbeit von Jacques Lagrange, Bd. 1, 1954–1969, Frankfurt 2001, S. 25. Etwa zur selben Zeit schrieb der 28-jährige Jürgen Habermas: «Der Historische Materialismus [...] ist vielmehr als eine Geschichtsphilosophie und Revolutionstheorie in einem zu begreifen, ein revolutionärer Humanismus, der seinen Ausgang nimmt von der Analyse der Entfremdung und in der praktischen Revolutionierung der bestehenden gesellschaftlichen Verhältnisse sein Ziel hat, um mit ihnen zugleich Entfremdung überhaupt aufzuheben.» Siehe Jürgen Habermas: Literaturbericht zur philosophischen Diskussion um Marx und den Marxismus, in: Philosophische Rundschau, Tübingen 1957, V. Jahrgang, Heft 3/4, S. 165–235; wiederabgedruckt in: Ders., Theorie und Praxis, Sozialphilosophische Studien, Neuwied am Rhein und Berlin 1963, hier zitiert nach der vierten Auflage, Frankfurt 1974, S. 394.

4 Axel Honneth: Vorwort, in: Rahel Jaeggi: Entfremdung. Zur Aktualität eines sozialphilosophischen Problems, Frankfurter Beiträge zur Soziologie und Sozialphilosophie, hg. von Axel Honneth im Auftrag des Instituts für Sozialforschung, Frankfurt am Main, Bd. 8, Frankfurt am Main/New York 2005, S. 7.

sich auch verkompliziert haben sollten», heißt es bei Honneth, «an der Tatsache ihrer entfremdeten Gestalt bestand unter Adorno, Marcuse und Horkheimer nicht der geringste Zweifel.»[5] Da sich das Entfremdungsverdikt für die Gründungsväter der Frankfurter Schule von selbst verstand, erübrigten sich weitere, sei es empirische, sei es begriffliche Nachfragen. Der vergleichsweise enge Schulzusammenhang blockierte eine Problematisierung des hauseigenen Begriffsgebrauchs – kein Phänomen, das nur aus der Entstehungsgeschichte der Frankfurter Schule bekannt ist. Entsprechende Beispiele aus anderen Theoriegemeinden wären, beginnend mit Episoden aus der platonischen Akademie, Legion.

II.

Nun gehört zu den Gemeinplätzen einer beobachtungstheoretischen Methodologie, daß Beobachter diejenigen Unterscheidungen, die ihre Wahrnehmungen ermöglichen, nicht *uno actu* mitbeobachten können. Dazu sind Beobachtungen zweiter und dritter Ordnung nötig. Insofern ist es auch nicht weiter spektakulär, wenn sich Theorieentwicklungen unter historischem Blickwinkel häufig als Rückfragesequenzen an Grundunterscheidungen darstellen. Dafür hat sich in der kontinentaleuropäischen Philosophie der Ausdruck «immanente Kritik» eingebürgert. Er benennt ein im Kern hermeneutisches Verfahren, das die Einsichten einer Theorie mit der Blindheit konfrontiert, ohne die sie nicht hätten gewonnen werden können. Dadurch müssen die betreffenden Einsichten noch nicht falsch werden. Freilich büßen sie den Zauber ihrer Evidenz ein. Was unbefragter Horizont und implizit war, wird jetzt zum Thema und Gegenstand expliziter Klärung.

Axel Honneths Reminiszenz bringt in der Spur immanenter Kritik die Verwunderung zum Ausdruck, daß Adorno et alii einen «theoretischen Hintergrundkonsens» geteilt haben, der in Gestalt des Entfremdungsbegriffes auf «Prämissen beruht, die ihren eigenen Einsichten in die Fallstricke vorschneller Verallgemeinerungen und Objektivierungen widersprechen.»[6] Sie selbst hätten es, anders gesagt, nicht nur besser wissen können, sondern im Grunde besser wissen müssen. Honneth scheint insbesondere an den anthropologischen Überzeugungen Anstoß zu nehmen, die sich von Jean-Jacques Rousseau bis zu Karl Marx und seinen Erben im Ent-

5 Ebd.
6 Honneth: Vorwort, S. 7.

fremdungsbegriff sedimentiert haben. Die Sache, um die es geht, ist nicht weiter kompliziert: Wer in sozialphilosophischen Kontexten von Entfremdung spricht, wird gewöhnlich sowohl zwischen Natur und Geschichte als auch - noch spezifischer - zwischen der Natur des Menschen und seiner gesellschaftlichen Existenz unterscheiden. Erst diese Unterscheidungen machen die Behauptung sinnfällig, daß sich Individuen, Gruppen oder Gesellschaftsklassen, wenn nicht das menschliche Gattungssubjekt als solches, im historischen Prozeß der Vergesellschaftung ihrer Natur entfremden. Entfremdung wird folglich als Abweichung vom Wesen solcher Individuen, Kollektive oder Subjekte diagnostiziert - eine Devianz, die sich zum Extrem eines Widerspruchs zwischen geschichtlicher Existenz und Wesen steigern kann: «le sauvage vit en lui-même; l'homme sociable, toûjours hors de lui ne sait vivre que dans l'opinion des autres.»[7]

Das sind berühmte Worte, in denen Rousseau das vorläufige Endergebnis von Vergesellschaftung mit ihrer Ausgangssituation kontrastiert. Dem Bei-sich-Sein des Wilden steht das Außer-sich-Sein des Zivilisierten gegenüber, Identität hat sich in Nicht-Identität verkehrt. Und die Einheit in der Differenz, die logisch gefordert ist, weil es sich andernfalls nicht um die Glieder *einer* Unterscheidung handeln würde, sondern nur um zwei beziehungslose Modalitäten menschlichen Daseins, liefert der Begriff der menschlichen Gattung. Unter diesen Gattungsbegriff, den Rousseaus Zivilisationstheorie unthematisiert mitführt, fällt der edle Wilde ebenso wie der Gesellschaftsmensch, der sein nervöses Leben in der beunruhigenden Dauerbeleuchtung durch die Meinungen der andern führt. So kann die Evolution gesellschaftlichen Seins einerseits als Kontinuum in verfallsgeschichtlichem Abschwung beschrieben werden. Andererseits läßt sich die Überwindung von Entfremdung, d.h. die Beseitigung des Gegensatzes zwischen Identität und Nicht-Identität, als Rückkehr ins Bei-sich-Sein, mithin in den Ursprung konzipieren. Dabei bezeichnet die dem Wilden attestierte Selbstgenügsamkeit für Rousseau und seine Jünger paradoxerweise sowohl die Utopie einer *zukünftigen* Regeneration des Humanen als auch den Zustand einer *vergangenen,* genauer gesagt: verlorenen Natur. Diese Natur soll Herkunft *und* Zukunft der Gattung sein. Sie versinnbildlicht, wie man in Anleh-

7 Jean-Jacques Rousseau: Discours sur l'origine de l'inégalité, in: ders.: Œuvres complètes, Bd. 3, Paris 1964, S. 193.

nung an eine Formulierung aus Hegels Logik sagen könnte, daß das «Gewesene» das Wesen ist, nämlich «das vergangene, aber zeitlos vergangene Sein».[8]

Mit der Option für die Bewegungsfigur der Rückkehr, also einer Re-Volutio, die eine vergangene Natur zukünftig restituiert, wird freilich noch nicht darüber entschieden, ob der revolutionäre Akt selbst als ein innergeschichtliches Ereignis zu verstehen ist. Gewisse Lesarten etwa des Marxschen Entfremdungstheorems plädieren für eine eschatologische Interpretation. Sie deuten die Aufhebung von Entfremdung als ein Geschehen, mit dem Geschichte transzendiert wird. So verstanden bezeichnet Entfremdung einen Sündenfall, der zwar die menschliche Natur korrumpiert, zugleich aber Geschichte eröffnet. Damit kommen vormoderne, gnostisch-religiöse Vorstellungen einer Gottferne ins Spiel, durch die sich die menschliche Kreatur ihrem Schöpfer entfremdet findet. Die Überwindung von Entfremdung liegt dann freilich nicht mehr in der Macht der Betroffenen. Sie existieren unumkehrbar *in statu corruptionis.* Allein der Gnadenakt eines überirdischen Souveräns könnte ihr Schicksal wenden. Eine mögliche Erlösung bleibt dessen Willkür überlassen. Freilich ist die göttliche Verwandlungsmacht ebenso unbestechlich, wie die Wege dieser Gottheit menschlichem Verstehen unerfindlich sind. Also wird Demut zur Tugend der Geschöpfe, weil sie die lebenskluge Einstellung gegenüber Situationen persistierender Unverfügbarkeit ist. Emanzipation als das versprochene Resultat der Entfremdungsumkehr ist unter derartigen Voraussetzungen undenkbar. Dementsprechend speist sich die Freiheit eines Christenmenschen nur aus übernatürlichen Quellen, und ihre Verwirklichung ist nicht Autonomie, sondern die Beseitigung eines Gemütszustandes, der bei Luther – wie ließe sich die Negativität notorisch ungewisser Erlösung besser verdeutschen? – «Unruh» heißt.

Ganz abgesehen von heilsgeschichtlichen Akzentuierungen, mit denen vor allem Karl Löwith die theologische Vorgeschichte des Entfremdungsbegriffes in dessen neuzeitliche Karriere eingetragen hat,[9] läßt sich für das moderne, will heißen: sozialphilosophische Verständnis von Entfremdung grundsätzlich festhalten, daß es eine geschichtlich geformte Natur der Menschheit unterstellt. Wann immer Entfremdung als negative Eigenschaft gesell-

8 G.W.F. Hegel: Wissenschaft der Logik II, in: ders.: Werke, Bd. 6., Frankfurt am Main 1978, S. 13.

9 Karl Löwith: Weltgeschichte und Heilsgeschehen, Stuttgart 1953.

schaftlicher Verhältnisse oder klassenspezifischer Lebensformen diagnostiziert wird, geschieht dies anhand von Wesensbestimmungen, die beanspruchen, humane Natur in wahrheitsfähigen Aussagen zu charakterisieren. Doch ist der Status derartiger Aussagen, gelinde gesagt, kontrovers. Weder herrscht Einverständnis darüber, ob es sich womöglich nur um empirische Feststellungen handelt, noch ist klar, wie sie zu begründen wären, falls andere als nur deskriptive Begriffe zum Einsatz kommen.

Honneths Urteil zufolge hat «die philosophische Entwicklung der letzten Jahrzehnte» nicht nur in Europa, sondern auch jenseits des Atlantiks solchen «essentialistischen Bestimmungen den Garaus gemacht». Sie habe uns gelehrt, daß «objektivistische» Thesen zu den «Gattungskräften» und «originären Zielsetzungen» der Menschheit unzulässig seien.[10]

Auf welche Entwicklungen sich Honneth im Einzelnen bezieht, teilt sein Fazit nicht mit. Es ist allerdings zu vermuten, daß er nicht nur an ein ganzes Spektrum sozialkonstruktivistischer Positionen denkt. Relevant dürften zudem anti-essentialistische Argumente sein, wie sie die formale Semantik, die Epistemologie, die Wissenschaftstheorie und -geschichte gegen die logische Form von Wesensaussagen vorgebracht haben. Schließlich spielt Honneths Terminologie wohl auch auf Einwände an, die innerhalb der Kritischen Theorie selbst formuliert wurden. Sie galten insbesondere gesellschaftstheoretischen Begriffssprachen, die – letztlich auf Averroes und seinen wirkmächtigen Kommentar zum aristotelischen Traktat *De anima* zurückgehend – mit dubiosen Kollektivsubjekten operieren. Bereits Anfang der siebziger Jahre hatte sich namentlich Jürgen Habermas gegen den Zwang ausgesprochen, «die soziale Welt in der gleichen Weise als Konstitutum zu denken wie die Welt der Gegenstände möglicher Erfahrung. So werden auch den objektiven Zusammenhängen, in denen vergesellschaftete Individuen einander begegnen und kommunikativ handeln, Subjekte in Großformat zugeordnet». Habermas kritisiert nicht nur transzendentalphilosophische Methoden im Feld soziologischer Gesellschaftstheorie oder phänomenologischer Sozialontologien. Er spricht sich ausdrücklich auch gegen Fiktionsbildungen gerade der sozialphilosophischen Strömung aus, die ihn seit Ende der fünfziger Jahre intensiv beschäftigt hatte: «Die

10 Honneth: Vorwort, S. 7.

projektive Erzeugung höherstufiger Subjekte hat eine lange Tradition. Auch Marx hat nicht immer deutlich gemacht, daß die den sozialen Klassen zugeschriebenen Attribute (wie Klassenbewußtsein, Klasseninteresse, Klassenhandeln) nicht einfach Übertragungen von der Ebene individuellen Bewußtseins auf ein Kollektiv bedeuten. Es sind vielmehr Titel für etwas, das sich erst intersubjektiv in Beratungen oder Kooperationen zusammenlebender Individuen herstellen kann.»[11]

Bei näherem Hinsehen schält sich also heraus, daß Honneths Vorbehalte gegen den Entfremdungsbegriff der frühen Kritischen Theorie nicht primär auf Bedenken gegen anthropologische Universalien zurückgehen. Das wäre auch verwunderlich, weil man Philosophen wie Adorno oder Horkheimer besondere Affinitäten zur Anthropologie nicht nachsagen kann. Und auch Marcuse war durch seine fundamentalontologischen Lehrjahre in der Werkstatt Heideggers gegen philosophische Anthropologie geimpft. Honneths Einwände gegen die Entfremdungsidee sind tatsächlich prinzipiellerer Natur. Was als Essentialismus und Objektivismus kritisiert wird, betrifft methodisch unreflektierte Behauptungen über die Existenz und die Eigenschaften postulierter Entitäten. Auf solche Subjekte im Großformat legen sich Entfremdungstheorien aber ontologisch fest, wenn sie eine «Natur» des menschlichen «Gattungssubjekts» unterstellen und Aussagen über den Richtungssinn einer Geschichte treffen, die als Rückkehr des sich geschichtlich entäußernden Gattungssubjekts in eine ursprüngliche oder historisch selbst erzeugte Wesensidentität begriffen wird. Insofern inkriminiert Honneth metaphysische Erbschaften, die sich die Kritische Theorie einhandelte, indem sie die Subjektphilosophie des deutschen Idealismus und den Aristotelismus des jungen Marx beerbt.

Die Absage an ontologisch überbevölkerte Sozial- und Zivilisationstheorien war weichenstellend für den Versuch von Habermas, einen nach 1945 zumal in der BRD nur noch geistesgeschichtlich rezipierten und damit antiquarisch entschärften Marxismus als empirische Geschichtstheorie in praktischer Absicht zu rehabilitieren. Ausgangspunkt seines Ehrgeizes, den Marxismus in eine wissenschaftliche Geschichtstheorie zu überführen, ist die bereits 1960 in einem Züricher Vortrag ausgesprochene These, Marx

11 Jürgen Habermas: Zwischen Philosophie und Wissenschaft: Marxismus als Kritik, in: Ders.: Theorie und Praxis, Sozialphilosophische Studien, Neuwied und Berlin 1963, hier zitiert nach der vierten Auflage, Frankfurt am Main 1974, S. 20

habe verabsäumt, seine Revolutionstheorie «erkenntniskritisch» zu fundieren.[12] Auf Eigennamen herunter gebrochen, ließe sich die Stoßrichtung von Habermas durch den Slogan ausflaggen: «Marx mit Kant!»

Habermas will die Marxsche Theorie verwissenschaftlichen. Sie sollte den präskriptiven Standards gängiger Wissenschaftstheorie genügen, also eine wirkliche, d.h. fallible Wissenschaft von der Geschichte werden, ohne als revolutionäre Kritik der Warenform abzudanken. Selbstverständlich war damit eine gründliche Revision des Marxismus ins Auge gefaßt, die bis auf innenarchitektonische Feinheiten der politischen Ökonomie hätte durchschlagen sollen. Doch steuert Habermas mit dem Programm der Verwissenschaftlichung des Marxismus zugleich die Umsetzung der von Marx geforderten Aufhebung der Philosophie in politische Praxis an. Ihn beschäftigt Gesellschaftstheorie in praktischer Absicht. Deshalb muß die für den Neomarxismus insgesamt paradigmatische Gestalt von Gesellschaftskritik rekonstruiert werden: Die nicht-moralische Kritik von Gesellschaft soll sich im Medium ihrer Versozialwissenschaftlichung auch der problematisch gewordenen normativen Kriterien rückversichern. Es gilt in einer empirisch revidierten Gesellschaftstheorie zu zeigen, mit Blick auf welche realgeschichtlichen Tendenzen bestimmte Vergesellschaftungsformen zu kritisieren, d.h. als historisch obsolet darzustellen sind.

Vor diesem Hintergrund kritisiert Habermas nicht nur den Neomarxismus der Gründungsväter der Frankfurter Schule und marxistische Gesellschaftstheorien, die an Husserls phänomenologische Lebensweltanalysen anschließen. Zusammen mit dem forciert bewußtseinsphilosophischen Linkshegelianismus in *Geschichte und Klassenbewußtsein* trifft sein Bannstrahl auch metaphysische Überreizungen des Vernunftgebrauchs bei Marx selbst. Um die Marxsche Revolutionstheorie zu retten, reicht, daran läßt Habermas keinen Zweifel, die immanente Kritik des Historischen Materialismus nicht aus. Daß eine Grundlegung auf neuen methodischen Fundamenten not tut, zeichnet sich deutlich in seinen Aufsätzen der sechziger Jahre ab. Und wenn Adorno, der Georg Lukács in seiner 1966 erscheinenden *Negativen Dialektik* des Idealismus zeiht, dessen Buch an gleicher Stelle dennoch ein «bedeutendes» nennt,[13]

12 Siehe Jürgen Habermas: Zwischen Philosophie und Wissenschaft, S. 270.

13 Theodor W. Adorno: Negative Dialektik, in: ders.: Schriften, Bd. 6, Frankfurt am Main 1973, S. 191.

gibt seine Wertschätzung auch zu verstehen, wie gründlich er die Argumente seines Assistenten ignoriert haben muß.

Es sind in der Tat tödliche Erblasten, die auf dem Entfremdungsbegriff liegen. Zwar geht Habermas Anfang der sechziger Jahre nicht so weit, wie es Honneth fast ein halbes Jahrhundert später tun wird, doch sollte nicht unbemerkt bleiben, daß «Entfremdung» in der Terminologie seiner entfalteten Theorie des kommunikativen Handelns keine grundbegriffliche Rolle mehr spielt. Aus den metaphysischen Mucken der Entfremdungsidee hat Habermas Konsequenzen gezogen. Da es das menschliche Gattungssubjekt nur als Effekt metaphysischer Projektionen gibt, kann seriös auch keine Rede mehr von dessen «Wesen» oder «Natur» sein, schon gar nicht davon, daß uns solche Begriffe die DNA seiner geschichtlichen Selbsterzeugung entschlüsseln. Kurzum, der Sinn von Sätzen, in denen etwa die Aneignung des sozialen Wesens der menschlichen Spezies verlangt oder in Aussicht gestellt wird, hat sich verflüchtigt. Insofern implodiert die neomarxistische Entfremdungskritik, weil ihr mit dem Objekt von Entfremdung gleichzeitig das Subjekt ihrer Überwindung abhanden gekommen ist. Folglich überführt Habermas seine Metakritik marxistischer Entfremdungskritik Stück um Stück in eine Kritik der Verständigungsverhältnisse. Und deren normativen Horizont wird am Ende eine de-transzendentalisierte, also auch nicht mehr Kantische Rationalitätstheorie abstecken, die Potentiale öffentlichen Vernunftgebrauchs ausweist. Zwar entstammen sie der Natur- und Gesellschaftsgeschichte humaner Vernünftigkeit, sind also Produkte kommunikativen Handelns, werden im institutionalisierten Ausdifferenzierungsprozeß der bürgerlichen Gesellschaft aber nicht ausgeschöpft. Jedenfalls firmiert diese Vernunft nicht mehr als Attribut irgendeines Kollektivsubjekts. Sie ist weder «Klassenbewußtsein», das sich in einer Parteiavantgarde verkörpert, noch Kognitionsvermögen eines transhistorischen Gattungssubjekts.

Den sozialphilosophischen Status quo resümiert Honneth, indem er das «Verschwinden der Entfremdungskategorie aus der lebendigen Umgangssprache der Philosophie» feststellt.[14] Sie hat die Faszinationskraft eingebüßt. Einem geradezu inflationären Gebrauch folgt die Deflation auf dem Fuße, nicht zuletzt in jenen Milieus, die früher erkennungsdienstlich anhand seiner Verwen-

14 Honneth: Vorwort, S. 7.

dung erfaßt wurden. Insofern ist trotz unserer zugegebenermaßen noch selektiven Akteneinsicht das Ende der «Entfremdung» amtlich. Kein Wunder, daß es Arbeit für die Ideengeschichte gibt.

III.

Bemerkenswert an dieser Bilanz ist freilich, daß die philosophische Debatte, soweit sie mit der Entfremdungsidee befaßt war, dieses Ende - ganz gegen den späteren Konjunkturverlauf des politischen Zeitgeistes - bereits zu Beginn der sechziger Jahre des 20. Jahrhunderts eingeläutet hatte. Wäre die Vermutung gewesen, erst der Mauerfall und das Ende des Kalten Krieges hätten die Entfremdungsidee unter den Trümmern einer alten Weltordnung begraben, so wird diese vielleicht naheliegende Hypothese schon durch Köpfe widerlegt, die mit Marx noch zu Zeiten des Wirtschaftswunders im geteilten Land gegen Marx dachten. Doch kündigte sich das Ende der «Entfremdung» keineswegs nur an den Ufern des Mains an. Wen könnte überraschen, daß die Kritik der Entfremdung in der alten Bundesrepublik des christdemokratischen Antikommunismus kein Geschäft blieb, das allein die akademische Linke betrieben hätte? Der Aufgabe nahm sich unter anderen auch die in Münster begründete Schule um den Philosophen Joachim Ritter an, die in ihrer Bedeutung für die Ideenpolitik der Bonner Republik nicht zu unterschätzen ist. Ritter, der in frühen Jahren mit dem Kommunismus sympathisierte, später - zum Entsetzen von Ernst Cassirer, der sich gegen Widerstand aus der Hamburger Fakultät für Ritters Habilitation stark gemacht hatte - auch mit dem aufkommenden Nationalsozialismus liebäugelte, plädiert für ein vorbehaltlos affirmatives Verständnis von Entfremdung. Der Münsteraner Rechtshegelianer begreift Entfremdung als eine die Moderne insgesamt definierende Gestalt von «Entzweiung», die nicht zu überwinden, sondern durch philosophische Einsicht in ihre geschichtliche Notwendigkeit zu ertragen sei. Odo Marquard, Schüler und Popularisierer der Ritterschen Geschichtsmetaphysik, hat die Stoßrichtung dieser Lesart von Entfremdung auf die viel zitierte Formel gebracht, die Philosophen hätten die Welt nur verändert, es komme aber darauf an, sie zu verschonen.[15]

Entfremdung zu kritisieren und diese Kritik, wie es die von Marquard persiflierte 11. Feuerbachthese von Marx gefordert hatte,

15 Odo Marquard: Schwierigkeiten mit der Geschichtsphilosophie, Frankfurt am Main 1973.

womöglich sogar in politische Praxis umzusetzen, stellte für den westfälischen Konservativismus einen eklatanten Verstoß gegen die Vernunft in der Geschichte dar. Mit Hegels Geschichtsphilosophie war man in der Stadt der Widertäufer vom geschichtlichen Fortschritt im Bewußtsein individueller Freiheit überzeugt. Insofern mußte die Kritik von Entfremdung als im Wortsinne irrational gelten, denn sie war nur um den Preis einer Verkennung genau derjenigen Reflexions- und Freiheitsspielräume artikulierbar, die Entzweiung erst geschichtlich erwirtschaftet hatte. Folglich fußt Entfremdungskritik auf einem fatalen Selbstmißverständnis moderner Freiheit. Der Entfremdungskritiker versteht nicht, daß der Gegenstand seiner Kritik, eine durch Entfremdung angeblich diskreditierte Gesellschaft, in Wahrheit die außerordentlich mühsam erzeugte, deshalb stets gefährdete geschichtliche Bedingung der Möglichkeit seiner Kritik ist. Ohne Entfremdung, das ist die dialektische Pointe der Rechtshegelianer Ritterscher Provenienz, keine Kritik der Entfremdung.

Diesen Begründungszusammenhang zu leugnen, zu ignorieren oder zu übersehen, verrät für die Münsteraner mehr als einen als solchen schon betrüblichen Mangel an historischem Selbstbewußtsein. Dem wäre mit einer gut dosierten Portion Geschichtskenntnis leicht aufzuhelfen. Und so wird die Ritterschule die Geisteswissenschaften auch bald als Kompensationsdiskurse entdecken. Man setzt das Vertrauen ganz in die Selbstheilungskräfte einer entzweiten Moderne. Der Speer, der die Wunde schlug, wird sie heilen. Folglich stellen die Geisteswissenschaften nicht als philologische, jedoch als historiographische Disziplinen semantische Ressourcen bereit, die dem zerrissenen Bewußtsein moderner Zeitgenossen erträglich machen, was ihnen nur aus Unkenntnis, also irrtümlich, unerträglich schien - wenn man so will, auch eine Kritik der Verständigungsverhältnisse.

Freilich beseitigt diese Version historischer Aufklärung selbstverschuldete Unmündigkeit nicht bloß dadurch, daß sie mit dem Stand des Erreichten bekannt macht. Ihr obliegt es zudem, die Gegenwart gegen ihre ungebildeten Verächter in Schutz zu nehmen, d.h. im Wissen um anhaltende Rückfallrisiken zu rechtfertigen. Die Geisteswissenschaften sind mithin Legitimationswissenschaft und nur in dieser Funktion ihrerseits gerechtfertigt. Sie verdeutlichen, daß das Wirkliche schon das Vernünftige ist, allerdings ein Vernünftiges im Zustand anhaltender Prekarität. Daher bedarf die verwirklichte Vernunft der Sorge und entsprechenden Pflege. Folglich erteilt Münster der Zeitdiagnostik den Auftrag, die Bürgergesellschaft in eine Haltung einzuüben, die - frei nach Gottfried Benn - mit den Beständen rechnet.

Sich auf diese Haushaltsführung zu verstehen, törichten Eskapismus mit Bescheidenheit, utopistische Gnosis mit weltfrommem Einverständnis, Nervosität mit quietistischer Gelassenheit zu quittieren, ist Signum der Mündigkeit. Unmündig sind demgegenüber jene, denen - wie den Entfremdungskritikern - entgangen ist, daß wir schon besitzen, was geschichtlich überhaupt zu haben ist. Bei Lichte besehen fußt das protoökologische Plädoyer für eine politisch-kulturelle Ethik der Nachhaltigkeit also auf einer ausgesprochen starken Prämisse. Daß mit den Beständen und nur mit ihnen zu rechnen ist, gewinnt als Maxime individuellen wie kollektiven Handelns größte Plausibilität, wenn und falls vom Ende der Geschichte auszugehen ist. Und eben dieses posthistorische Finale hat die Philosophie zu proklamieren, bevor sie sich verabschiedet, nämlich auf Weltverschonung kapriziert. Sie weiß indes, daß die *historia rerum gestarum* zur Stillegung der politischen, moralischen, ästhetischen oder auch religiösen Modernitätskritik nicht ausreicht. Denn selbst wenn die Entfremdungskritik einsähe, daß sie blind für die geschichtlichen Voraussetzungen ist, denen sie ihren Bestand verdankt, müßte sie erst verstummen, wenn sie außerdem noch begriffe, daß der Kreis des geschichtlich überhaupt Möglichen schon ausgeschritten ist. Das aber kann ihr die Geschichtswissenschaft mit Bordmitteln alleine nicht zu Bewußtsein bringen. Dazu bedarf es theoretischer, näherhin geschichtsphilosophischer Zuspitzung. Erst wenn sich Entfremdungskritik in die geschichtsphilosophische Diagnose des Posthistoire fügte, hätte sie endlich verstanden, daß sie an dem Ast sägt, auf dem sie die ganze Zeit sitzt. Sie müßte akzeptieren, daß ihre Gegenwartskritik nicht nur in die Irre führt, sondern - gefährlicher noch - das mit dieser Gegenwart geschichtlich Gewonnene aufs Spiel setzt. Ihr würde aufgehen, daß die historisch unreflektierte Kritik des Erreichten das Erreichte selbst, also die Freiheit, gefährdet.

16 Helmut Schelsky: Die Arbeit tun die anderen. Klassenkampf und Priesterherrschaft der Intellektuellen, Opladen 1975.

Daß Kritik in Wahrheit die Krise erzeugt, deren Ausdruck zu sein sie in Verkennung der Realitäten vorgibt, ist eine beunruhigende Überzeugung. Sie hat die konservative Kritik gesellschaftlicher Verständigungsverhältnisse derart unduldsam gemacht. Während man sich eigentlich mit Hegels Weitsicht hätte beruhigen können, wissend, daß sich Unvernunft *sub specie* der Weltgeschichte noch immer blamiert hat, zeigt sich der bundesrepublikanische Rechtshegelianismus der sechziger und siebziger Jahre daueralarmiert: Die *chattering classes,* deren frivoles Dasein, wie der Soziologe Helmut Schelsky nochmals einschärft, durch die Arbeit der anderen alimentiert wird,[16] reden die Wirklichkeit schlecht. Der semantischen Umweltverschmutzung ist Paroli zu bieten, da falsches Bewußtsein das gesellschaftliche Sein bestimmt. Und dieses Bewußtsein erzeugt als medial verbreitete Entfremdungskritik ungute Wünschbarkeiten. Nicht auszuschließen, daß sie bei den Verführten am Ende tatsächlich politisierbare Unzufriedenheit wecken. Den ihnen zugeschriebenen, zumeist gleich für hegemonial gehaltenen Einfluß in der Öffentlichkeit mißbrauchen die Kritiker der Entfremdung. Sie bedienen sich einer Theorieform, die das Entfremdungsproblem überhaupt nur aufwerfen kann, weil Bedingungen imaginiert werden, unter denen es sich nicht mehr stellen würde. Soll der Priesterbetrug im Gewand säkularer Gesellschaftskritik entlarvt werden, müssen solche Imaginationen und deren theoretische Ausbeutung attackiert werden. Konsequenterweise geraten deshalb die utopischen Heilsversprechen nicht-entfremdeter Lebensformen in den Fokus. Gegen sie opponiert letztinstanzlich die These, wonach das Ende der Geschichte der objektive Grund für das Ende der «Entfremdung» ist. In ihrem Geiste hat die bürgerliche Gesellschaft ins geschichtlich Faktische zu resignieren. Entfremdung ist nicht Verkehrung der Gattungsnatur, sondern eine gattungsgeschichtlich notwendige Entzweiung, die Freiheit erzeugt hat und weiterhin verbürgt. Insofern wird Entfremdung nicht bestritten, sondern anders beschrieben. Sie wird umgewertet. Ritters Geschichtsmetaphysik promoviert «Entzweiung» zum *terminus ad quem* der gattungsgeschichtlichen Evolution, zum Eigennamen für eine posthistorische Gegenwart. Und deren schlechte Unendlichkeit darf uns – recht verstanden – nicht bekümmern, weil die rousseauistischen

Alternativen, *historia docet,* doch nur totalitären Terror bedeuten, also den Verlust von Freiheit. Das ist die politische Quintessenz der Ritterschen Metakritik von Entfremdungskritik.

IV.

Helmuth Plessner ist nie Hegelianer, auch kein Verfechter des Posthistoire gewesen. Gleichwohl überschneidet sich seine, ebenfalls zu Beginn der sechziger Jahre stattfindende Auseinandersetzung mit der Entfremdungsidee im Resultat mit der Position der Ritter-Schule. Auch er plädiert zugunsten von Zumutungen, ohne die gesellschaftliche Freiheit nicht zu sichern sei. Diese Argumentation hat der Göttinger Ordinarius für Soziologie in einem Vortrag entfaltet, den er anläßlich seiner Übernahme des Rektorats der Universität im Sommer 1960 gehalten hat. Bezeichnenderweise stellt Plessner die Rektoratsrede unter den Titel «Das Problem der Öffentlichkeit und die Idee der Entfremdung».[17] Bereits die Überschrift deutet an, wie sich mit der thematischen Einfassung der Entfremdungsidee auch ihr Gehalt verschiebt. Der Ausgangsbefund von Plessners Diskussion lautet, die Sphäre der Öffentlichkeit werde in Deutschland von dubiosen Überzeugungen verunglimpft. Man wolle im öffentlichen Leben, d.h. in der Gesellschaft, die weder Staat noch Gemeinschaft ist, nur eine Ablenkung von allem sehen, «was für den Menschen wesentlich ist, eine Zone, in der er sich fremd wird».[18] Mit der Zurückweisung derartiger Abwertungen verschreibt sich Plessners Kritik der Entfremdung letztlich einer Verteidigung der Gesellschaft. Sie soll sowohl gegen ihre Verstaatlichung als auch gegen Vergemeinschaftung in Schutz genommen werden. Plessner wehrt etatistische und ethnisch-kommunitäre Verkürzungen der *res publica* ab. Sie bezeichnen die totalitären Herausforderungen, die Plessner, zurückgekehrt aus dem niederländischen Exil, gerade mit Blick auf die verspätete Nation beunruhigen. Im Grunde wirft der Vortrag die für Plessners republikanisches Gesellschaftsverständnis zentrale Problematik der politischen Repräsentation auf. Wie kann sich positive Freiheit in einer nivellierten Mittelstandsgesellschaft realisieren? Insofern geht es Plessner auch weniger um Soziologie als vielmehr um einen normativen Begriff von Öffentlichkeit als dem Ort, wo Gesellschaft auf Gesellschaft einwirkt. Plessner fragt nach dem

17 Wiederabgedruckt in: Helmuth Plessner: Gesammelte Schriften, hg. von Günter Dux, Odo Marquard, Elisabeth Ströker et al., Bd. X, Frankfurt am Main 1985, S. 212–227.

18 Ebd., S. 213.

19 Ebd., S. 218.

20 Ebd., S. 225.

21 Ebd.

22 Siehe Martin Heidegger: Sein und Zeit (1927), Tübingen 1972, insbesondere §§ 25-27, 35 und 38.

23 Plessner: Öffentlichkeit, S. 225.

24 Ebd., S. 220.

Zustand politischer Kultur im Nachkriegsdeutschland. Dessen Untiefen stehen im Thema. Und sie verdichten sich in der Unterstellung, Öffentlichkeit und Selbstentfremdung gingen Hand in Hand. Da Entfremdung, wie Plessner konstatiert, «ein Zauberwort von unverminderter Suggestivität» ist,[19] gilt es einen «gegen die Verführungen des Entfremdungsgedankens» gefeiten, «entmythisierten Öffentlichkeitsbegriff» zu konturieren. Er soll, womit seine normativen Einsätze ausgesprochen sind, «den Spielraum der Verantwortung zur Wahrung unserer gesellschaftlichen Freiheit» sichern.[20]

Als die beiden Philosophien, die Öffentlichkeit kraft der Entfremdungsidee desavouieren, identifiziert Plessner den «proletarischen Marxismus» und den «spätbürgerlichen Existentialismus». Letzterer entwertet die Öffentlichkeit zu einer «verflachten, uneigentlichen Weise menschlichen Daseins, indem er Innerlichkeit mit Eigentlichkeit gleichsetzt».[21] So wird Äußerlichkeit, d.h. die gesellschaftliche Existenz, zu einem defizitären Daseinsmodus herabgesetzt und politisches Engagement unter einen generellen Inauthentizitätsverdacht gestellt: Als Gesellschaftswesen lebt der Mensch - mit Rousseau gesprochen - in den Meinungen der anderen, um sich dort zu verfehlen. Zweifelsohne spielt Plessners Formulierung aber nicht auf die Schriften des Bürgers aus Genf an, sondern auf Martin Heideggers Daseinsanalyse in *Sein und Zeit.*[22] Der Marxismus hingegen denunziert die «Öffentlichkeit in ihrer heutigen Form als Ausdruck des seiner Entfremdung noch nicht Herr gewordenen Menschen».[23] Für Plessners Begriffe ist Heideggers Lob heroischer Eigentlichkeit der für die politische Kultur moderner Gesellschaften gefährlichere Sirenengesang; denn die «durch ihre Organisationen geschützten Menschen des hoch industrialisierten Wohlfahrtsstaates» haben die Ansprechbarkeit für die «heilsgeschichtliche Perspektive» des marxistischen «Entfremdungstheorems» eingebüßt.[24] Mitte des 20. Jahrhunderts stoßen die Versprechungen des Kommunismus nur noch auf taube Ohren. Vielleicht wäre Plessner ein Jahrzehnt später zu einem anderen Urteil gekommen? Doch stellt sich die marxistische Entfremdungstheorie dem Gesellschaftsbeobachter Anfang der sechziger Jahre als eine abgelebte Gestalt des Bewußtseins dar. Nach Plessner hat sich die Erfahrungswelt westeuropäischer Industriegesellschaften durch das Aufkommen des Wohlfahrtsstaates in einem Maße verändert, daß die Entfremdungsdiagnose in ihrer ursprünglichen Bedeutung nicht mehr greift. Gerade der Wohlfahrtsstaat habe die Folgen der industriellen Revolution, wie sie Marx vor Augen hatte, abgefangen. Seinen Arrangements ist es gelungen, die mit der geschichtlichen Auflösung des alten Ständestaates einhergehende Bedrohung von Gemeinschaftserfahrungen durch das «industrielle Bürgerrecht für die Arbeiterschaft» zu neutralisieren. Ein Jahrhundert staatlicher Sozialpolitik hat den «inneren Widersinn» einer Entwicklung aufgelöst, in der Arbeit zur Ware, also zu einer «Leistung im Hinblick auf ihre Verwertung», geworden ist. Diese Transformation der Arbeit begründete für Marx die Prognose, die durch den Kapitalismus in Gang gebrachte Steigerung technischer Produktivität werde sich selbst das Todesurteil sprechen. Sie werde eine «neue Art industrieller Sklaverei» erzeugen und sich damit sowohl materiell wie psychologisch «um ihr menschliches Reservoir» bringen. Die politische Entwicklung im 19. und 20. Jahrhundert hat die Gefahr der Selbstzerstörung jedoch gebannt. Anfänglich nur formal eingeräumte Gleichheitsrechte seien in einem ersten Schritt mit politischem und in einem zweiten mit sozialem Gehalt gefüllt worden. Was in gesellschaftliche Desintegration hätte münden können, hat sich zu Rechtsformen entwickelt, die der Arbeiterschaft sowohl politische Partizipation als auch ökonomische Teilhabe am erwirtschafteten Wohlstand garantieren. Jetzt stehen sich, so Plessner, nicht mehr «Kapital akkumulierende Unternehmer» und «verelendete Proletariermassen» gegenüber, sondern Industrieverbände und Gewerkschaften, die ihre jeweiligen Interessen in einem «System kollektiver Aushandlungen» zur Geltung bringen.[25]

Diese sozialgeschichtliche Entwicklung erklärt den Bedeutungswandel der Entfremdungsidee. War der in ihr ausgesprochene Erfahrungsgehalt zunächst die frühindustrielle Wirklichkeit des «zum schutzlosen Lohnsklaven und Ausbeutungsobjekt» entwürdigten Industriearbeiters gewesen, so konserviert die Entfremdungsidee im wohlfahrtsstaatlichen Lebenszusammenhang den «nie ganz erloschenen Widerwillen gegen eine durchfunktionalisierte Lebensordnung.»[26] Entfremdung ist jetzt «ein Rest Romantik», der «das einzelne Individuum in seiner sozialen Rolle»

25 Ebd., S. 216-217.

26 Ebd., S. 219.

27 Ebd., S. 218.

28 Ebd., S. 220.

29 Ebd., S. 224.

30 Ebd., S. 223.

meint und beklagt, wie sie «ihm von einer verwalteten Welt zudiktiert wird».[27] Eingefügt in die Verregelungen wohlfahrtsstaatlicher Daseinsfürsorge sucht den einzelnen ein innerer Widerspruch heim, der nach Plessner nur den Preis bezeichnet, der für Vergesellschaftungsformen zu entrichten ist, die soziale Bürgerrechte institutionalisieren: es ist der Antagonismus «zwischen privater und öffentlicher Existenz, zwischen Menschsein und Funktionärsein.»[28]

Die politische Romantik, die den Dualismus zwischen öffentlicher und privater Existenz skandalisiert, möchte Plessner mit einem anthropologischen Dogma zur Raison bringen: Allein Engel und Tiere hätten keine Rollen zu übernehmen. Sie existierten ohne inneren Kern und äußere Schale. Für den Menschen hingegen bahne der Abstand, der zur Übernahme sozialer Rollen notwendigerweise gehört, den «Umweg zum Menschen». Er ist das «Mittel seiner Unmittelbarkeit». «Wer darin», konstatiert Plessners Metakritik der Entfremdungskritik, «Selbstentfremdung sehen wollte, verkennt das menschliche Wesen».[29]

Was Ritter geschichtsmetaphysisch rechtfertigt, sieht Plessner anthropologisch legitimiert: Das Leben in modernen Gesellschaften verlangt individuelle Selbstdistanzierungsleistungen, die nicht als Entfremdung oder Uneigentlichkeit mißdeutet werden dürfen. Vielmehr haben wir sie als Zumutungen zu begreifen, die uns Öffentlichkeit ermöglichen, mithin gesellschaftliche Selbstbestimmung. «Existenz in einer Rolle ist offenbar die Weise, in welcher Menschen überhaupt in einem dauerhaften Kontakt miteinander leben können. Was uns an ihr stört, das Moment des Zwanges, den sie auf mein Verhalten ausübt, ist zugleich die Gewähr für jene Ordnung, die ich brauche, um Kontakt mit anderen zu gewinnen und zu halten.»[30]

Plessner reformuliert Ritters Entzweiungsthematik rollensoziologisch. Unter dieser Beschreibung konkretisiert sich Entfremdung nicht mehr als Pauperisierung einer Klasse oder als Verdinglichung, sondern als der Antagonismus zwischen privater und öffentlicher Existenz. Dieser Dualismus, so Plessners mit Ritter konform gehende These, läßt sich nicht überwinden. Doch muß und soll er auch gar nicht überwunden werden. Denn im Gegensatz zu den sozialromantischen Verirrungen existentialistischer Entfremdungskritik steht die Differenz zwischen Rolle und Träger nicht im Widerspruch zur menschlichen Gattungsnatur. Sie ist, ganz im Gegenteil, dessen Proprium: Menschen sind Distanzwesen. Das zu wissen, beansprucht Plessners philosophische Anthropologie. Wir können nachvollziehen, daß Unterscheidungen wie die zwischen Außen und Innen, öffentlich und privat, Rolle und Träger intrapsychische Voraussetzungen für die soziale Existenz sind. Im Vermögen zum Doppelgängertum ist eine Vergesellschaftungsgeschichte verankert, die Plessner «den Veröffentlichungsvorgang des einzelnen in der modernen Welt» genannt hat.[31] Daß der einzelne publik wird und sich publik macht, setzt ihn den Erwartungen anderer aus, zu denen er sich verhalten muß. Doch beschwört diese Veröffentlichung keinen Hiatus zwischen menschlicher Natur und geschichtlicher, will sagen: gesellschaftlicher Existenz herauf. Insofern die Entfremdungsidee einen solchen Widerspruch behauptet, ist sie für Plessner widerlegt. So unterschreibt seine Anthropologie das Ende der «Entfremdung».

Freilich räumt Plessner ein, daß der einzelne seine Veröffentlichung nicht ohne einen «Moment des Zwanges» erfährt. Selbst wenn diese Nötigung zu akzeptieren ist, weil sie die Interaktion in einer geordneten sozialen Welt bedingt, bleibt sie der individuellen Selbstbeobachtung spürbar. Sie ist der Stachel im Fleisch vergesellschafteter Doppelgänger. Damit schneidet Plessners Gedankengang eine Problematik an, der - wie wir sehen werden - Zukunft beschieden sein sollte. Sie betrifft nämlich die Frage, ob subjektiv wahrnehmbare Phänomene von Selbstdistanz existieren, die unter Umständen als pathologisch zu klassifizieren sind. Warum pathologisch? Weil es sich nicht um Abständigkeiten handelt, die den Kontakt zu anderen herstellen, also zum psychischen Vergesellschaftungsapriori zählen. Plessners Antwort ist eindeutig: «Der Mensch kann sich verlieren, kann süchtig und neurotisch werden, einem Menschen, einer Idee verfallen, in seiner Tätigkeit so aufgehen, daß sie ihn und nicht er sie beherrscht.»

Offenbar gibt es für Plessner Weisen individuellen Autonomieverlusts, die selbst er als Entfremdung charakterisiert. Sie lassen sich nicht als Kontaktunterbrechungen begreifen, die Mittel zur Kontaktschließung wären. Für diese Fälle hält Plessner trotz seiner

31 Ebd., S. 222.

Kritik an der Identitätsromantik eine «echte Zurücknahme von Entfremdung» durch «eine bewußte Identifikation des Ichs mit sich selber» für möglich. Daß seine Umschreibung eine Programmformel der Psychoanalyse zitiert, ist klar: Wo Es war, hatte Freud geschrieben, soll Ich werden. Seine Karten legt Plessner auf den Tisch, indem er bekräftigt, daß Freud «in die Linie des Gedankens von der unbewußten Entfremdung gehört und sie zum Angriffspunkt seiner Therapie» gemacht hat. Freilich insistiert Plessner auf einer scharfen Grenzziehung zwischen Marx und Freud. Denn wenn Entfremdung als individuelle Pathologie therapiefähig sei, besage dies nichts «über die Tragfähigkeit des Theorems für die geschichtliche Wirklichkeit und ihre sozialen Verhältnisse». Marx habe keineswegs «auf individuelle Erkrankung» gezielt, sondern «eine soziale Pathologie» versucht, «aus der es keinen psychologischen Ausweg gibt. Er handelt vom vergesellschafteten Menschen.»[32] *Tertium non datur!*

## V.

Die Psychoanalyse als individualpsychologische Entfremdungstheorie zu lesen, um sie in dieser Hinsicht vom Marxismus als einer Pathologie des Sozialen zu unterscheiden, versteht sich im Sommer 1960 keineswegs von selbst. Die Anregung zu dieser originellen Freud-Interpretation verdankt Plessner einer Studie Arnold Gehlens. Deren These bringt ihr Titel zum Ausdruck: «Über die Geburt der Freiheit aus der Entfremdung».[33]

Gehlen hält, anders als alle bisher besprochenen Autoren, «Entfremdung» für eine «echte Kategorie» der Sozialwissenschaft. Zur Beschreibung von Gesellschaft als einem intersubjektiven Handlungszusammenhang ist sie «unentbehrlich».[34] Nach seinem Verständnis bezeichnet der Begriff die nicht antizipierbaren und nicht intendierten Folgen, die gewöhnlich bei der Kooperation von Handlungssubjekten entstehen. Solche Neben- oder Sekundäreffekte können sich für die Beobachtung der Akteure durchaus zu eigengesetzlichen Prozessen verselbständigen. Ihnen sind gegebenenfalls sogar Zwecke zuzuschreiben, die von den initialen Zwecksetzungen der Handelnden selbst abweichen. Gehlen sagt, daß es dieser Vorgang war, «den Marx mit dem Begriff der Entfremdung faßte».[35]

32 Ebd., S. 223.

33 Arnold Gehlen: Über die Geburt der Freiheit aus der Entfremdung, in: Archiv für Rechts- und Sozialphilosophie, hg. von R. Laun und Th. Vieweg, Bd. XL (1952/53), Bern und München, S. 338–353.

34 Ebd., S. 338.

35 Ebd.

Daß Soziologen derartige Phänomene bis auf den heutigen Tag untersuchen, ist schlechterdings nicht zu bestreiten. Auf einem anderen Blatt steht, ob sie es auf handlungstheoretischer Grundlage und unter dem Rubrum «Entfremdung» tun. Da sind Zweifel angebracht. Zweifelhaft ist zudem, ob «Entfremdung» in der Gehlenschen Bedeutung tatsächlich den Sinn wiedergibt, den der Terminus in Texten aus Marxens Feder hat. Das darf die Marxphilologie entscheiden. Gehlen selbst kommt auf «Entfremdung» aber nicht zu sprechen, weil ihm ein operationalisierbarer Begriff empirischer Sozialwissenschaft am Herzen läge. Ihn treibt die Ideen- und die Zeitgeschichte um. Zu Recht macht er darauf aufmerksam, daß Fichte in den verschiedenen Fassungen seiner *Wissenschaftslehre* erstmalig den Gedanken entwickelt habe, die Verwirklichung von Freiheit sei als Wiedererlangung der dem Subjekt entglittenen Verfügungsgewalt über Produkte zu fassen, die es selbst erzeugt hat. Den Schein ihrer Selbständig- und Eigengesetzlichkeit verlieren diese Entitäten, sobald das Ich sie als unbewußte Erzeugnisse eigener Tathandlungen erkennt. Freiheit als die via Bewußtmachung vollzogene Zurücknahme verlorener Spontaneität auszubuchstabieren, auch darin ist Gehlen zuzustimmen, liefert dem Ideenhistoriker «ein Beispiel des Seltensten, was es gibt, nämlich eines neuen philosophischen Gedankens.»[36] Die so rekonstruierte Entfremdungsidee stellt in der Tat ein eigenständiges Konzept dar, das seit dem späten 18. Jahrhundert zum Periodensystem abendländischen Denkens zählt. Sicherlich hatte Kant noch vor Fichte menschliche Freiheit als Spontaneität begriffen. Doch war die dialektische Volte, mit der Fichte etwa in der Mannigfaltigkeit des uns anschaulich Gegebenen ein dieser Spontaneität nur fremd gewordenes anderes ihrer selbst erkannte, vernunftkritisch untersagt.

Auch Gehlen macht kein Hehl daraus, daß Fichtes Formel «absurd und unwahrscheinlich im höchsten Maße» sei. In ihr habe sich dessen «tiefster Instinkt» ausgesprochen, «der jakobinische Protest gegen die von außen herantretende Notwendigkeit».[37] Allerdings weist Gehlen darauf hin, daß die Fichtesche Formel, «ohne daß jemand dies bemerkt hätte», in psychologischer Anwendung «weltpopulär» geworden sei: bei Freud. «Denn was sind die Träume, die Ticks, die unüberwindlichen Zwänge und überhaupt das

36 Ebd., S. 341.

37 Ebd., S. 339.

ganze neurotische Arsenal anders, als bewußtlose Produkte der Selbsttätigkeit des Ichs, die sich ihm entfremden und als Übermacht entgegentreten, und die nun die Analyse auflöst, indem sie sie ‹bewußtmacht›, in ihrer Genesis und Entstehungsgeschichte nachvollzieht, so die Freiheit und Verfügungsgewalt des Ich über seine eigenen Nachtgeburten wiederherstellend?»[38]

Freud mit Fichte, das ist die kühne Konjektur, deren Echo bei Plessner zu vernehmen war. Gehlen spannt einen weiten Bogen und pointiert seinen ideengeschichtlichen Befund zeitdiagnostisch. Wie Plessner, der sich augenscheinlich Gehlens Urteil angeschlossen hatte, erklärt er Marxens materialistische Applikation der Formel Fichtes für geschichtlich überholt. Aus dem «öffentlichen politischen Bewußtsein» ist sie seit der Zeit verschwunden, «da die Arbeiterbewegung die anarchistischen Anwandlungen der Frühzeit ablegte und sich in die vorhandenen politischen Einrichtungen hineinorganisierte».[39] Also beschränkt sich die Brauchbarkeit der Idee, Freiheit realisiere sich als Wiederaneignung unverfügbar gewordener Spontaneität, fürderhin auf den Bereich, «in dem ihr reelles und ehrliches Gebiet der Anwendung liegt: das psychologische».Gehlen ist sich so gut wie sicher, daß die Zeit «auf dem soziologischen und wirtschaftlichen Gebiete» abgelaufen sei, «in der sich Freiheit noch enthusiastisch realisieren wollte».[40] Indes kann er einen ungeheuer hellsichtigen Vorbehalt nicht verschweigen. Der jakobinische Protest, den ein Rechtsintellektueller wie das vormalige NSDAP-Mitglied Gehlen mit aller nur denkbaren Verachtung überzieht, wird nicht zum alten Hut. Selbst wenn der Freiheitsenthusiasmus im Gehäuse der Wohlfahrtsstaatlichkeit erkaltet ist, wartet «sein anarchischer Gehalt wie ein Bazillus eingekapselt in der Psychoanalyse verborgen, dort auf die Stunde der Politisierung dieser Glaubenslehre».[41] Entweder Marx oder Freud? Nein, Plessners Disjunktion war nicht auf der Höhe der Zeit. Aber auch Marx mit Freud ist ein halbes Jahrhundert nach Gehlens Prognose Geschichte. Die allerjüngste Gegenwart sucht Fichtes Formel liberal zu erneuern. Damit steht politische Ethik wieder im Kurs. Vom guten Leben ist die Rede, und Tugendlehren gelingenden Selbstseins haben Konjunktur. Die gerechte Gesellschaft ist noch keine gute Gesellschaft. Schließlich soll Freiheit auch Glück sein.

38 Ebd., S.340.
39 Ebd., S.349.
40 Ebd.
41 Ebd.

Andreas Urs Sommer

# Coolness

## Zur Geschichte der Distanz

I.

Ist Coolness ein alter Hut? Als Universalvokabel zur Kennzeichnung des Bejahenswerten hat «cool», obschon seit Jahrzehnten in aller Munde, jedenfalls keineswegs ausgedient. «Cool» als positive Universalvokabel kassiert durch die unterschiedslose Anwendbarkeit auf schlechterdings alles und jedes gerade den entschiedenen Distinktionswillen, der die Ikonen des Coolen in Film, Musik und Literatur erst zu Ikonen gemacht hat. Es ist entlastend, wenn alles cool sein kann, brauche ich mich dann doch nicht mehr abzumühen, es zu werden. Diese Entlastung ist Belohnung für die Abstraktionsleistung, durch die das Coole alltagssprachlich jegliche Spezifikation verloren hat.

Die schier unbeschränkte Bedeutungserweiterung von «cool» mag allerlei kulturkritischen Herzensergießungen Nahrung geben. Was sagt es über eine Gesellschaft aus, daß in ihr «cool» zum Synonym von «sehr gut»[1] werden konnte? Belegt es, daß sich unsere Welt in einem Prozeß der Abkühlung befindet, daß wir einer kulturellen Eiszeit entgegengehen, wie Ulf Poschardt meint, der in Coolness eine privilegierte Überlebensstrategie während einer solchen Phase soziokulturellen Wärmeverlustes zu erkennen wähnt?[2] Diese These von der erkaltenden Welt gehört spätestens seit Jean-Jacques Rousseau zu den Versatzstücken romantischer Kulturkritik, die mit einer gewissen Zwangsläufigkeit begleitet ist von der These einer inneren Abkühlung: «Combien de fois je me suis lassé dans mes recherches de la froideur que je sentois en moi!»[3] Der Coole macht sich nach Poschardt diese innere Abkühlung zunutze, um nicht in der vereisten Welt versehentlich den Hitzetod zu sterben. Unter Literaten mit einem Gespür für die coolen Bedürfnisse des Marktes hat die These von der erkaltenden Welt seit Jahrzehnten fast ununterbrochen Konjunktur.[4] Und doch ist diese These nicht mehr als eine eingängige Metapher, die davon dispensiert, genauer zu sagen, was sich denn eigentlich im Gefüge der Gesellschaft und im Gefüge der einzelnen Persönlichkeit verändert. Gegen eine dominante Metapher sind alle Argumente und Differenzierungswünsche machtlos. Ihre Dominanz verdankt die Metapher vom Erkalten der Welt dem Umstand, daß sie ein diffuses Unbehagen an der Jetztzeit machtvoll artikuliert, ohne über

1 So Meyers Großes Taschenlexikon in 26 Bänden, 9. neu bearbeitete und erweiterte Auflage, Bd. 4, Mannheim 2003, S. 1213, vgl. Hermann Ehmann: affengeil. Ein Lexikon der Jugendsprache, München 1992, S. 51.

2 Ulf Poschardt: Cool, Reinbek 2002.

3 Jean-Jacques Rousseau: Emile ou de l'éducation, livre IV: Profession de foi du Vicaire Savoyard, in: Œuvres complètes, ed. Bernard Gagnebin et Marcel Raymond, Bd. 4, Dijon 1969, S. 601. Denn: «Exister pour nous, c'est sentir» (ebd., S. 600).

4 Entsprechend gut verkaufen sich Titel, die davon zehren. Stellvertretend seien genannt: Hermann Burger: Die künstliche Mutter. Roman, Frankfurt am Main 1982; Peter Høeg: Fräulein Smillas Gespür für Schnee, München/Wien 1994; Michel Houellebecq: Extension du domaine de la lutte, Paris 1994, und Annett Gröschner: Moskauer Eis. Roman, Leipzig 2000.

das Wie und Was dieses Unbehagens (und die Möglichkeiten seiner Beseitigung) nähere Auskunft geben zu müssen. Kälte erscheint als lebensfeindlich, so daß man sich à tout prix wärmen möchte, sei es im sentimentalen Rückgriff auf die vorgebliche Nestwärme der Vergangenheit und ihre vorgeblich geschlossenen Weltbilder, sei es im visionären Vorgriff auf die fruchtbare Reibungswärme geglückten menschlichen Zusammenslebens in künftigen, utopischen Gesellschaften.[5]

Schaut man genauer hin, ist die Behauptung, in der Moderne durchlaufe die soziale Welt einen Prozeß der Erwärmung (und Überhitzung), mindestens ebenso plausibel wie die Erkaltungsthese: Universale Rechenschaftspflicht über jegliches Handeln und zwischenmenschliche Verbindlichkeiten nehmen womöglich eher zu als ab. Vielleicht ist es nur eine Frage der Propaganda und der Zeit, bis im Zeichen des Klimawandels die Metapher der Erhitzung die des Erkaltens als zeitdiagnostischen Generalschlüssel ablöst. Wenn man schon mit thermischen Metaphern operiert, scheint es auf Anhieb plausibler, im Auftreten der Coolness als Paradigma der Lebensgestaltung eine Reaktion auf Überhitzung, auf zu starke soziale Kohäsionskräfte, auf zu starke Einbindungsansprüche zu sehen. Wenn «cool» zur positiven Universalvokabel hat werden können, indiziert dies vielleicht sogar, wie breit die Zustimmung zu einem individuellen Recht geworden ist, sich diesen Kohäsionskräften und Einbindungsansprüchen zu entziehen.

Versucht man, Coolness diesseits der Universalvokabel spezifischer zu fassen, so ist damit offenbar eine habitualisierte Technik des Sich-Entziehens gemeint. Aber nicht jede Technik des Sich-Entziehens hat heutzutage Aussicht darauf, mit dem Ehrentitel der Coolness im engeren Sinn bedacht zu werden. Ein Kartäusermönch, so sehr er sich allen sozialen Kohäsionskräften entzieht, wird schwerlich zur Ikone des Coolen avancieren (der Franziskanermönch William von Baskerville, dargestellt von Sean Connery, dagegen sehr wohl). Auch um stoische Ausgeglichenheit bemühte Philosophen erscheinen kaum als Prototypen der Coolness – und zwar nicht bloß deshalb, weil ihr Bemühen um Apathie mitunter einen verkrampften Eindruck macht und der Coole auf keinen

5 Visionär mutet es an, wenn Poschardt: Cool, S. 18, Tommaso Campanellas eiskalte hierokratische Diktatur Civitas Solis (Erstdruck 1623) als «warmen, liebenswerten Traum» charakterisiert.

Fall verkrampft wirken darf. Selbst der vollendete stoische Weise, der alle Verkrampftheit überwunden und völlige Souveränität erreicht hat, ist ziemlich uncool. Der Idealtypus des Coolen, wie ihn insbesondere cineastische Leitfossilien (beispielsweise Humphrey Bogart als Rick in *Casablanca*) exemplifizieren, kommt nicht aus ohne innere Gebrochenheit und Zwiespalt, die wiederum dem vollendeten stoischen Weisen abgehen. Der klassische Coole muß an seinem Sich-Entziehen sichtlich leiden; er verbirgt Wärme, ja Überhitzung hinter seiner Kälte; er darf keine in sich ruhende, nur um sich selbst kreisende Monade sein.

Für Coolness ist eine habitualisierte Technik des Sich-Entziehens zwar notwendig, aber nicht hinreichend. Diese Technik muß sich paaren mit einer nicht selten rabiaten Technik des Weltzugriffs – «Grausamkeit bleibt eines der zentralen Merkmale des Cool»[6] –, sprich: des Konsumverhaltens. Wenn Werbung Coolness für ihre Zwecke einspannt und «cool hunter» «im Auftrag großer Softdrink-Unternehmen oder Sportswear-Hersteller [...] Jugendszenen und andere Subkulturen» auskundschaften,[7] um das augenblicklich Coole ökonomisch auszuschlachten, dann findet hier kein konsumgesellschaftlicher Mißbrauch des Coolen statt. Denn der auf freier Wildbahn beobachtbare Coole der Gegenwart ist nicht mehr der Aktivist jenes politischen Widerstandes, dem der afroamerikanische Politiker Marcus Garvey in den zwanziger Jahren das Motto «keep cool» verordnet hat,[8] um hinter einer Maske der Gefühlskälte mit der alltäglichen Diskrimierung fertig zu werden. So sehr der heute landläufige Coole und sein innerlich zerrissener Idealtypus dankbare Objekte der Gegenwartskulturdiagnose sind, so wenig sollte dies zum modernistischen Fehlschluß verleiten, erst im 20. Jahrhundert hätten sich die Notwendigkeit und damit die Techniken der Distanznahme herausgebildet, die im Idealtypus des Coolen zu einer spezifisch ‹spätmodernen› Form finden. Ein modernistischer Fehlschluß bestünde darin, zu glauben, etwas sei neu, bloß weil man sich davon dispensiert, länger zurückliegende Vergangenheiten zur Kenntnis zu nehmen. Der pauschale Hinweis auf die Ethik der Stoa, der Studien zur modernen Coolness gerne unterfüttert, reicht jedenfalls nicht, um Coolness historisch scharf zu profilieren. Wer eine Genealogie der Coolness zeichnen

6 Tom Holert: Cool, in: Ulrich Bröckling, Susanne Krasmann, Thomas Lemke (Hg.): Glossar der Gegenwart, Frankfurt/M. 2004, S. 42–48, hier S. 47.

7 Ebd., S. 45.

8 Vgl. Ted Vincent: Keep Cool. The Black Activists who Built the Jazz Age, London/ East Haven (Conn.) 1995, S. 131; Lewis MacAdams: Birth of the Cool. Beat, Bebop, and the American Avantgarde, New York 2001.

will, ohne sich mit «keep cool», «Birth of the Cool»[9] und Cooljazz zu begnügen, müßte seiner Arbeit eine eigentliche Geschichte der Distanz zugrundelegen. Diesen alten Hut setze ich mir im folgenden auf, indem ich ein paar exemplarische Stationen der abendländischen *Denk*geschichte der Distanz abschreite: Um antike Distanzierungsstrategien soll es zunächst gehen (II.), sodann um christliche (III.), schließlich um neuzeitliche und moderne (IV.). Um der modernistischen Perspektivenverzerrung entgegenzuwirken, wird der Antike am meisten Platz eingeräumt.

## II.

Souverän ist, wer nur auf sich selbst angewiesen ist und sich nur mit sich selbst zu beschäftigen braucht. Diese Autarkie zeichnet den Unbewegten Beweger aus, dessen Sein sich nach Aristoteles (384–322 v. Chr.) im Denken seiner selbst, im Denken des Denkens erschöpft, findet der Unbewegte Beweger doch in sich selbst den einzig würdigen Gegenstand seines Denkens.[10] Dieser Gott kompromittiert seine Autarkie nicht dadurch, daß er sich auf die sublunare Welt einließe und sich wie die Götter Homers in irdisch-menschliche Belange einmischte. Seine kalte Gleichgültigkeit gegenüber dem, was er nicht selbst ist, muß nicht erst erkämpft werden, sondern ist ewig unverrückbar. Anders bei den Menschen, die in Theorie, in der reinen Betrachtung ihr Glück finden und es so dem Unbewegten Beweger gleichtun wollen. Sie können nicht völlig autark sein, denn sie bleiben angewiesen auf äußere Subsistenzmittel. Wenn Aristoteles die theoretische Lebensform als das vollendete Glück preist, behält er doch mit seinem Sinn für die richtige Mitte im Auge, daß jedem diejenige Tätigkeit die liebste sei, die seiner eigentümlichen Art am besten entspreche.[11] Daher kann die praktische Lebensform, das politische Handeln der Theorie ihre Vorrangstellung durchaus streitig machen. Nicht jeder scheint zur theoretischen Lebensform disponiert zu sein; Erfüllung, Glück kann man auch im tugendhaften Engagement für die Belange der Polis finden. Der scheinbar coolen Theorie steht die warme, wenn nicht brandheiße Praxis gegenüber.

Hatte Aristoteles die beiden Lebensführungsideale der Praxis und der Theorie noch annähernd gleichberechtigt nebeneinander stehen lassen, schwand bei den verschiedenen hellenistischen

9 Dazu z.B. Bice Curiger (Hg.): Birth of the Cool. Amerikanische Malerei von Georgia O'Keeffe bis Christopher Wool, Zürich / Ostfildern 1997.

10 Aristoteles: Metaphysik XII 7; 1072b14-30.

11 Aristoteles: Nikomachische Ethik X 6; 1176b25f.

Philosophenschulen das Interesse an der praktischen, durch Politik bestimmten Lebensform. Die Zeit der autonomen Poleis war mit dem Weltreich Alexanders und den Diadochenreichen vorbei, damit auch nennenswerte Chancen, mit glühendem Eifer das Gemeinwesen aktiv zu gestalten. Der Rückzug in die Innerlichkeit läßt sich besonders gut bei den Epikureern und den pyrrhoneischen Skeptikern beobachten, während die Stoa noch lange Zeit dem Philosophen den Einsatz fürs Gemeinwohl vorschreiben zu müssen glaubte (was ihre Attraktivität für römische Oberschichtbürger erklärt). Für den theoretischen Menschen nach Maßgabe des Aristoteles war es noch ausgemacht, daß es höchste, ewige Gegenstände - Prinzipien, Zahlen, Sterne - zu betrachten gilt, durch deren Erkenntnis er am Göttlichen teilhaben könne. Viele hellenistischen Philosophen - wiederum mit Ausnahme der Stoiker, die an Metaphysik festhielten - waren da nicht mehr so sicher und begründeten ihren Rückzug ins Eigene und Innere nicht mit der Aussicht auf die Schau höchster, ewiger Gegenstände. Ihr scheinbar cooler Rückzug war als eine Technik der Leidensverringerung konzipiert. Diese Technik hat etwa Pyrrhon von Elis (ca. 360-270 v. Chr.) zu früher Vollendung gebracht, «indem er dem Standpunkt der Unbegreiflichkeit der Dinge und der Zurückhaltung des Urteils Eingang und Geltung verschaffte»[12] - nicht indem er eine neue Lehre verkündete, sondern indem er mit seinem Leben ein Beispiel gab: «Er wich vor nichts aus und kannte keine Vorsichtsmaßregeln, gegen alles zeigte er die nämliche Gleichgültigkeit, mochten es nun begegnende Wagen sein oder Abhänge oder Hunde und anderes dergleichen».[13] Der antike Doxograph merkt an, es habe viele gegeben, «die ihm nacheiferten in bezug auf seine Zurückhaltung von öffentlicher Tätigkeit».[14]

Ataraxie, Unerschütterlichkeit bezeichnet sowohl bei den Pyrrhoneern wie bei den Epikureern das zu erreichende innere Gleichgewicht. Während der Pyrrhoneer aber die Ataraxie durch den völligen Verzicht auf jegliches Urteilen zu erreichen hofft und so sich jeder Festschreibung einer Lehre ebenso verweigert wie jedem feststellenden Sprechen, hat Epikur (342-271 v. Chr.) eine derart ausgefeilte, festgeschriebene Lehre entwickelt, daß seine Schüler sich nur um deren lebenspraktische Reproduktion zu bemühen

12 Diogenes Laertius: Leben und Meinungen berühmter Philosophen IX 61 (Übersetzung Otto Apelt, neu hg. von Klaus Reich, Hamburg 1967, Bd. 2, S. 192).

13 Ebd., IX 62.

14 Ebd., IX 64 (Übersetzung Apelt, S. 193).

brauchten, nicht aber um deren Weiterentwicklung. Auch Epikurs Ethik empfiehlt den Rückzug aus der Politik.[15] Die Glückseligkeit ist zwar auch hier wie bei Aristoteles ein gottähnlicher Zustand,[16] und es liegt Epikur fern, die Existenz unsterblicher Götter gänzlich zu leugnen.[17] Aber diese Götter sind doch allem menschlichen Geschehen entrückt, so daß wir auf der Suche nach der richtigen Lebensführung auf göttliche Unterstützung verzichten müssen. Die Ataraxie erreichen wir nicht in pyrrhoneischer Manier durch Verzicht auf jegliches Urteilen, sondern durch erkenntnisangeleitetes Wählen des Richtigen, soll heißen: durch Vermeiden des Schmerzes, «liegt doch allen unseren Handlungen die Absicht zugrunde, weder Schmerz zu empfinden noch außer Fassung zu geraten».[18] Die Schmerzfreiheit macht die sonst so übel beleumundete Lust, in der nach Epikur das Glück liegt, schon wesentlich aus. Die kühle Lust muß der menschlichen Natur angemessen sein, ansonsten hört sie auf, eine Lust zu sein. Entsprechend ist Genügsamkeit die geforderte Tugend – «nicht, um uns in jedem Falle mit wenigem zu begnügen, sondern um, wenn wir nicht in Hülle und Fülle haben, uns mit dem wenigen zufrieden zu geben in der richtigen Überzeugung, daß diejenigen den Überfluß mit der stärksten Lustwirkung genießen, die desselben am wenigsten bedürfen».[19] Epikur entwirft also eine ausgeklügelte Diätetik der Lüste, die die Überfülle ebenso ausschließt wie die Auszehrung, und ein Leben im Verborgenen[20] gemeinsam mit guten Freunden als Ideal ausmalt. Der ausgeglichene Zustand der Seele stellt sich nach Epikur freilich nicht ein, solange wir nicht durch Erkenntnisarbeit die Furcht vertreiben, die unserer kühlen Lust abträglich ist.[21] Einschlägig ist insbesondere die Erkenntnis, daß der Tod für uns gleichgültig ist, «denn solange wir noch da sind, ist der Tod nicht da; stellt sich aber der Tod ein, so sind wir nicht mehr da».[22]

Daß Erkenntnis die Vorbedingung für ein glückliches Leben sei, ist auch die Überzeugung der Stoa. Die hierfür erforderlich gehaltene Erkenntnis greift freilich viel stärker in Metaphysik und Theologie aus, als dies Epikur tunlich erscheint. Erst wer Einblick in die Vollkommenheit der Welt und in die alles durchwaltende göttliche Weltvernunft gewonnen hat,[23] hat die Chance, sein Leben in Übereinstimmung mit dem Weltganzen so zu gestalten,

15 Ebd., X 119 (Übersetzung Apelt, S. 278). Andernorts heißt es freilich, es seien nur «übergroße Bescheidenheit und Anstandsgefühl, das ihn abhielt, sich mit Staatsgeschäften zu befassen» (X 10 – Übersetzung Apelt, S. 227).

16 Ebd., X 121 (Übersetzung Apelt, S. 279).

17 Epikur: Brief an Menoikeus, in: Diogenes Laertius: Leben und Meinungen, X 123 (Übersetzung Apelt, S. 280).

18 Ebd., X 128 (Übersetzung Apelt, S. 282).

19 Ebd., X 130 (Übersetzung Apelt, S. 283).

20 «Bene qui latuit, bene vixit», umschreibt Publius Ovidius Naso: Tristia, III 4, 25, Epikurs Aufforderung, im Verborgenen zu leben.

21 Diogenes Laertius: Leben und Meinungen, X 143 (Epikurs Hauptlehren XII – Übersetzung Apelt, S. 289).

22 Epikur: Brief an Menoikeus, X 125 (Übersetzung Apelt, S. 281).

23 Vgl. z.B. Marcus Tullius Cicero: De natura deorum, II 29–30.

daß es tugendhaft und damit zugleich glücklich wird. Während die Stoa in ihrer hellenistischen Periode ihre drei Hauptgebiete Logik (darin eingeschlossen die Erkenntnistheorie), Physik (darin eingeschlossen Metaphysik und Theologie) und Ethik gleichmäßig beackerte, tritt die Ethik bei den römischen Stoikern in den Vordergrund. Bei der Lektüre Senecas (4 v. Chr.-65 n. Chr.), Epiktets (ca. 50-130 n. Chr.) und Mark Aurels (121-180 n. Chr.) kann man sich mitunter des Eindrucks nicht erwehren, ein erlahmendes Interesse an logisch-erkenntnistheoretischen Fragen und eine schleichende Erosion altstoischer metaphysischer Gewißheiten hätten dazu geführt, daß man sich nun mit doppelter Inbrunst, wenn auch nicht hitzig, auf die Fragen der richtigen Lebensführung warf. So sehr in diesen Schriften auch die offizielle stoische Linie im Blick auf die Ordnung und Wohlbeschaffenheit des Weltganzen aufrecht erhalten wird, so wenig ist doch zu verkennen, daß daraus nicht mehr eins zu eins Lebensregeln abzuleiten sind - als ob die offizielle stoische Linie in Metaphysik und rationaler Theologie nur noch ein Lippen-, aber kein echtes Glaubensbekenntnis mehr wäre. Den römischen Stoikern erschien die philosophische Lebensform als ständiges Kriegführen gegen die Affekte und widrige äußere Einflüsse - «atqui vivere, Lucili, militare est».[24] Die stoischen, heute so gern als «cool» apostrophierten Lebensführungsmaximen zielen auf eine Minimierung der Angriffsfläche, die man dem Schicksal bieten kann; sie haben eine asketische Praxis vor Augen, die Distanz zu allem hält, was das höchst prekäre Gleichgewicht - Apathie genannt - aus dem Lot bringen könnte. Dazu muß man scharf zwischen den Dingen unterscheiden, die in unserer Macht sind, und denen, die es nicht sind.[25] Nur die erste Kategorie geht uns etwas an - es sind die Belange unseres Innenlebens. Im Hinblick auf alle Äußerlichkeiten wird demgegenüber eine Strategie der radikalen Vergleichgültigung empfohlen, die - durchaus an die Pyrrhoneer gemahnend - gegenüber den meisten Dingen Urteilsenthaltung gebietet.[26] Der Stoiker, so sehr ihn seine altgriechischen Wurzeln gelegentlich an die Pflicht erinnern, sich für das Gemeinwohl einzusetzen,[27] gibt die Vorstellung preis, sein Glück sei irgendwie relational, hänge von seiner Umwelt ab. Er sucht es nur in sich selbst - in einem Selbst, das er vernünftig zu ordnen sich bemüht, nämlich als Abbild der

24 Lucius Annaeus Seneca: Ad Lucilium epistulae morales, XVI 96, 5. Vgl. Andreas Urs Sommer: Vivere militare est. Die Funktion und philosophische Tragweite militärischer Metaphern bei Seneca und Lipsius, in: Archiv für Begriffsgeschichte 43 (2001), S. 59-82.

25 Epiktet: Encheiridion, I.

26 Mark Aurel: Selbstbetrachtungen, XI 16.

27 Dem Herrschenden ist da ein Habitus kühler Güte empfohlen, siehe Seneca: De clementia.

postulierten Harmonie des Kosmos. Glück durch Entkoppelung, Glück durch Distanzierung.

Wer in der Genealogie der Coolness wildert, wird sich vor vorschnellen Gleichsetzungen hüten. Weder der Unbewegte Beweger noch der stoische Weise, weder der pyrrhoneische Urteilsabstinenzler noch der epikureische Lustgartenbewohner kommen unbesehen als Coolness-Kandidaten in Frage. Ein Niedergangsprophet würde sich vielleicht mit ein paar Worten aus Jean Pauls *Vorschule der Aesthetik* gegen die «Deutsch-Franzen» behelfen, wonach die «egoistische Kälte des Weltmannes [...] der herrlichen Kälte der alten philosophischen Zeit gerade so entgegengesetzt [ist] als im Physischen die schwächende der stärkenden».[28] Aber Jean Paul hatte im «Weltmann» bestenfalls einen literarischen Vorfahren des heute gängigen Coolen vor Augen, den er mit der Beschwörung «griechischer Einfachheit und Kälte [...], welche in der Höhe des Aethers sich die Flügel kühlt»,[29] auf seine Flugunfähigkeit hinweisen zu müssen glaubte. Denn zweifellos leben manche Elemente antik-philosophischer Lebenstechnik in modernen Coolness-Ideologien fort. Da wäre zunächst das Ideal der Autarkie, das der theoretische Mensch und in Vollendung der Unbewegte Beweger vorgelebt haben. Der Narzißmus ist beim Coolen ebenso stark ausgeprägt wie in der steten Selbstbespiegelung des Unbewegten Bewegers. Der Unterschied besteht freilich darin, daß die Tätigkeit, die dem Unbewegten Beweger obliegt, das Denken ist – eine Tätigkeit, die das Gros der Coolen ängstlich vermeidet. Ist der Unbewegte Beweger nach dem Schema der Aristotelischen Metaphysik die Zweckursache, nach der alle irdische und stellarische Bewegung hinstrebt – insofern ist er Beweger –, darf sich der Coole doch immerhin einbilden, auch um ihn kreise die ganze Welt, auch sein Sein setze Bewegung in Gang – die Bewegung aller Menschen, die danach lechzen, so cool zu sein wie er. Über seine eigene Beweglichkeit kursieren unterschiedliche Gerüchte.

Sodann adaptiert der Coole zum einen den Metaphysik- und Überzeugungsverzicht des Pyrrhoneers, insofern er sich gegen nichts so sehr wehrt wie dagegen, festgelegt, verantwortlich und haftbar gemacht zu werden. Insgeheim regiert bei ihm ein «Ruhe-

28 Jean Paul: Vorschule der Aesthetik, nebst einigen Vorlesungen in Leipzig über die Parteien der Zeit, 3. Abt., I. oder Miserikordias-Vorlesung, in: Sämmtliche Werke, Bd. 19, Berlin 1841, S. 21f.

29 Ebd., S. 22.

Bedürfniß, eine Müdigkeit wie bei Pyrrho».[30] Zum anderen wählt der Coole aber doch, nämlich seinen spezifischen Stil, seinen spezifischen und genau geregelten, distinktionsbewußten Konsum - und da nähert er sich dem Epikureer an, der keiner finsteren Askese huldigt, sondern sich zur Steigerung des Genusses im Hier und Jetzt kleine Verzichtsleistungen verschreibt, um seine Glücksquentchen umso gieriger auszukosten. Mit dem Pyrrhoneer und dem Epikureer ist sich der Coole in der Apolitie einig: Die Gemeinschaft - wahlweise der Uncoolen oder der Nicht-Philosophen - verdient nur Verachtung. Dem Stoiker schließlich ähnelt der Coole am ehesten im Pathos der großen Geste. Der Coole und der Stoiker verstehen es beide, ihr Leben so darzustellen, als hätten sie beständig mit großen Aufgaben zu ringen, als befänden sie sich ständig im Kampf, wahlweise mit unliebsamen Affekten oder mit einer unliebsamen Umwelt. Im einen Falle ist die Selbstmächtigkeit dann eine Vernunftleistung, im anderen Fall eine Stilisierungsleistung.

Indessen ist nicht zu verkennen, daß man die Philosophen schon im Altertum häufig nicht als cool empfand. Ein Lied davon singen könnte jener Kaiser, der Philosoph sein und sich daran gewöhnen wollte, «die Kälte zu ertragen, ohne die Heizung in Anspruch zu nehmen»,[31] Julian II. (332-363 n. Chr.), den die mißgünstige christliche Nachwelt mit dem Beinamen «der Abtrünnige» bedachte. Er mußte sich von der vornehmen und modebewußten Bevölkerung Antiochias vorhalten lassen, daß er sich einen verfilzten Bart stehen ließ und sich in Selbstbeherrschung übte,[32] daß es in seinem Privatleben «durchwachte Nächte auf einem Strohsack» gab, «ein Essen, bei dem Schmalhans Küchenmeister [war] - was mich bitter macht und schlecht aufgelegt gegenüber einer Stadt, die so im Luxus schwelgt».[33] Daß der philosophierende Kaiser zur Verteidigung seiner Lebensweise eine Streitschrift gegen die aufmüpfigen Antiochener verfassen zu müssen meinte, hat ihn in deren Augen vermutlich ober-uncool aussehen lassen. Und doch stellt das verzweifelte Bemühen Julians, sein Renommee als Philosoph gewürdigt zu wissen, auch einen Wesenszug des heutigen Coolen in ein grelles Licht: Der Coole ist eine unphilosophische Figur, weil er sich um keinen Preis in Frage stellen lassen will.

30 Friedrich Nietzsche: Nachgelassene Fragmente 1888, 15[58], in: Sämtliche Werke. Kritische Studienausgabe, hg. von Giorgio Colli und Mazzino Montinari [= KSA], München / Berlin / New York ³1999, Bd. 13, S. 446.

31 Flavius Claudius Iulianus: Misopogon, 341 C (Der Barthasser. Aus dem Griechischen übersetzt und hg. von Marion Giebel, Stuttgart 1999, S. 12).

32 Ebd., 349 C bzw. 343 B (Übersetzung Giebel, S. 22 bzw. S. 14).

33 Ebd., 340 B (Übersetzung Giebel, S. 10).

Sein Sein ist darauf abgestellt, den Schein zu wahren – und dieser (an sich ja durchaus ehrenwerte) Schein zerbricht bei kritischen Rückfragen. Man wagt kaum, sich auszumalen, wie es dem Coolen ergangen wäre, hätte ihn Sokrates in ein Gespräch über das Wesen der Coolness verwickelt.

## III.

Eine derart auf die unmittelbar anstehende Umkehr aller Verhältnisse bedachte Religion wie das Christentum muß, so eine sich aufdrängende Vermutung, die antike Welt mit einer gewaltigen Hitzewelle überspült haben. Dazu scheint zu passen, daß die einzige Stelle, die man für den adjektivischen Gebrauch von «cool» in der King James Version der Bibel findet, nach Alexander Crudens klassischer Konkordanz nur eine marginale Lesart zu Sprüche 17,27 ist: «a man of understanding is of a cool spirit».[34] Wer an die baldige Wiederkunft Christi und das nahende Weltende glaubt, ist wenig geneigt, «cool spirit» zu wahren. Das Christentum, dem es um das Absolute zu tun war, dürfte von sich aus wenig Neigung für die intellektuellen und praktischen Distanzierungstechniken der Philosophen verspürt haben. Und doch schickte es sich an, sich aus einer jüdischen Sekte von Endzeitbewegten in eine Weltreligion zu verwandeln – ein Wandel, der nicht ohne Abkühlung des ursprünglichen eschatologischen Feuers möglich war.

Die hellenistisch-römische Inkulturation des Christentums, seine Zivilisierung brachte unvermeidlich Temperierungen ins Spiel. Lehrreich ist beispielsweise, wie der leidenschaftliche Gott der biblischen Überlieferung, insbesondere des Alten Testamentes, von den Kirchenvätern auf einen philosophischen Begriff gebracht wurde. So hat Laktanz (ca. 260–330 n. Chr.) nachzuweisen versucht, daß trotz der anthropomorphen Rede vom Zorn Gottes in der Bibel keineswegs davon auszugehen sei, daß Gott diesem Affekt als einem Leiden unterliege. Vielmehr handle es sich bei seinem Zorn um etwas, was er vollständig in seiner Gewalt habe;[35] der göttliche Zorn ist ein Machtmittel, mit dem er seine Herrschaft über die Menschen ausübt, nichts, was sein inneres Gleichgewicht aus dem Lot brächte. Dieser Gott ist cooler, als es den Anschein hat.

34 Alexander Cruden: A Complete Concordance to the Holy Scriptures of the Old and New Testaments [1737]. With a List of the Proper Names in the Old and New Testaments by Alfred Jones, Hartford (Conn.) o. J. [ca. 1900], S. 97. Die normale Lesart setzt – näher am Urtext – «excellent» anstelle von «cool».

35 Lucius Caelius Firmianus Lactantius: De ira dei liber, 21, 8.

Daß der Idealchrist Antonius Eremita (ca. 251–356 n. Chr.) sich selbst als Sklaven Gottes charakterisierte,[36] fügt sich passend zum Verständnis Gottes als *dominus*. Sogar Kaiser Konstantin I. (272–337 n. Chr.) hat sich seinem liebedienerischen Hagiographen Eusebius von Caesarea (ca. 263–339 n. Chr.) zufolge als Knecht Gottes verstanden; eine Bescheidenheit, die ihm Gott sogleich vergolten habe, indem er ihn zum mächtigsten Herrscher und unbezwingbarsten Feldherrn aller Zeiten machte.[37] Demgegenüber war Antonius nach Auskunft des Athanasius (ca. 297–373 n. Chr.) die meiste Zeit seines spirituellen Lebens mit der Abwehr dämonischer Versuchungen beschäftigt: In der Hitze dieses Gefechts blieb er stets darauf bedacht, bei aller heißen Sehnsucht nach einer besseren, jenseitigen Welt jenes innere Gleichgewicht zu gewinnen und zu wahren, das seinem Gott natürlicherweise zukommen sollte. Das geht freilich nicht ohne Mortifikation des aufsässigen Leibes.[38] Welche ungeheuren Anstrengungen notwendig sind, um die Seele in Ausgeglichenheit zu halten, die Anfechtungen des Teufels und die Affekte des Körpers zu bekämpfen und um zugleich die heiße Leidenschaft des Glaubens zu nähren, veranschaulichen lehrreich Augustins (354–430 n. Chr.) *Bekenntnisse*. Schon der Eingangsabschnitt dieses Werkes belegt, daß Gott uns aufstört *(excitas)*, damit wir den Weg zu ihm finden – «und unruhig ist unser Herz, bis es ruht in dir», in Gott *(inquietum est cor nostrum, donec requiescat in te)*.[39]

Für den Christen gab es keine Beruhigung, keine Coolness, solange der Mensch meinte, die Ausgeglichenheit wie die ‹heidnischen› Philosophen in eigener Regie und in eigener Verantwortlichkeit zu erlangen (entsprechend cool konnte Kaiser Konstantin noch wirken, der sich erst auf dem Sterbebett taufen ließ). Allein die Unterwerfung unter einen als väterlichen Herrscher verstandenen Gott bot die Aussicht auf seelische Beruhigung und schürte gleichzeitig die Glut des Glaubens. Da diese Glut die Aufmerksamkeit auf einen jenseitigen Gott und eine jenseitige Welt lenkte, fiel es dem Christen vielleicht leichter als dem ‹heidnischen› Philosophen, sich in dieser Welt als Fremder zu fühlen und sich cool aus ihr zurückzuziehen. Und falls weltliche Beunruhigungen fehlten, erwiesen sich Christen aller Jahrhunderte als höchst innovativ

36 Athanasius Alexandrinus: Vita Antonii, 18.

37 Eusebius Pamphili: Vita Constantini, I, 6.

38 Athanasius: Vita Antonii, 45, vgl. auch E. R. Dodds: Pagan and Christian in an Age of Anxiety. Some Aspects of Religious Experience from Marcus Aurelius to Constantine, Cambridge 1968, S. 29f.

39 Aurelius Augustinus: Confessiones, I 1, 1.

darin, überweltliche Beunruhigungen zu erfinden, um mit der Vision von Gericht und Verdammnis die Unerläßlichkeit von Glaubenseifer und göttlichem Gnadenzuspruch als einziger Beruhigungsquelle zu evozieren.[40]

Zwar hat es in der Geschichte des Christentums stets Denker gegeben, die sich gegen die Erfindung künstlicher Quellen seelischer Beunruhigung wandten – etwa Augustins großen Gegenspieler, den verketzerten Julian von Eclanum (ca. 381–455 n. Chr.), der gegen Augustins Erbsündenlehre für humane Selbstbehauptung eintrat,[41] oder den Pariser Kanzler Jean Gerson (1363–1429), der die lebensfeindlichen Verstiegenheiten mancher Formen der Mystik geißelte.[42] Dies ändert aber nichts daran, daß die ungeheure Distanzverletzung, die den Kerngedanken des Christentums bildet – daß nämlich Gott Mensch geworden sei –, das Verhältnis des Menschen zu sich und seiner Welt, die Möglichkeiten der Distanznahme und die Nötigung zum Engagement für Letzte Dinge im Abendland völlig umgestaltet hat. Die um Gott ringende Seele in den *Bekenntnissen* mag nicht cool im modernen Sinne sein, und doch ist der Afro-Römer Augustin, der eine immense Glut in sich trägt und trotz *caritas* gegenüber der irdischen Mitwelt nur Distanz empfindet, für den modernen Habitus des Coolen subkutan vielleicht prägender geworden als die afro-amerikanischen Stichwortgeber der Coolness im Gefolge von Marcus Garvey. Es sollte nicht außer Acht bleiben, daß auch die heutige Coolness Unterwerfung fordert – zwar nicht die Unterwerfung unter Gott, jedoch die Unterwerfung unter spezifische, in raschem Wandel begriffene Codes, ohne deren Einhaltung auch der Distanzierteste hoffnungslos uncool erscheint.[43]

## IV.

Auch ohne dem modernistischen Fehlschluß bereitwillig Konzessionen zu machen, könnten die letzten fünf Jahrhunderte europäischer Geschichte als ein Terrain erkundet werden, auf dem sich die Chancen und Zwänge der Distanznahme vervielfacht haben. Zunächst scheint sich der persönliche Gott, dessen unmittelbare Präsenz dem Menschen des christlichen Zeitalters stets vor Augen stand, mehr und mehr aus dem Blickfeld des neuzeitlichen Men-

40 Vgl. Andreas Urs Sommer: Weltgeschichte und Heilslogik: Jonathan Edwards' History of the Work of Redemption, in: Zeitschrift für Religions- und Geistesgeschichte 53 (2001), S. 115–144.

41 Vgl. Andreas Urs Sommer: Das Ende der antiken Anthropologie als Bewährungsfall kontextualistischer Philosophiegeschichtsschreibung: Julian von Eclanum und Augustin von Hippo, in: Zeitschrift für Religions- und Geistesgeschichte 57 (2005), S. 1–28.

42 Z. B. Joannes Gersonius, Epistola ad Fratrem Bartholomaeum Carthusiensem, contra praedictam defensionem, in: Opera omnia, ed. Ludowicus Ellies du Pin, Antwerpen 1706, Bd. 1, Sp. 82A.

43 Wagt man den kulturkomparativen Blick, ist nicht zu verkennen, daß auch Bushido, der Weg des Kriegers, vom scheinbar so coolen Samurai unbedingte Unterwerfung fordert (vgl. z. B. Ivan Morris: Samurai oder Von der Würde des Scheiterns. Tragische Helden in der Geschichte Japans, Frankfurt am Main 1989).

schen zu entfernen (nachdem das Christentum selbst die pagane Welt entgöttlicht hat[44]), was diesem sowohl erlaubt, seine eigene, persönliche Gottesbeziehung zu begründen, als auch, die Verborgenheit Gottes als Motivation zu einem Leben ohne Gott aufzufassen. Sodann gerät mit der neuzeitlichen Astronomie das Geborgenheitsversprechen des geozentrischen Weltbildes in Verruf; die unermeßlichen Weiten des Alls und die sichtliche Marginalität des Planeten Erde begründen ein menschliches Selbstverständnis, das sich schmerzlich bewußt wird, wie stark es kosmisch dezentriert ist. Das lange unverrückbar erscheinende soziale Gefüge selbst wird brüchig; eine Abnahme zentripetaler Kohäsionskräfte innerhalb der abendländischen Gesellschaften führt dazu, daß das Individuum mehr und mehr die Chance erkennt, auch zur eigenen sozialen Rolle auf Distanz zu gehen. Mit der allmählichen Erosion herkömmlicher religiöser, weltanschaulicher und sozialer Zwänge sieht sich manches Individuum auf sich selbst zurückgeworfen, aber es findet auch da zu viel Distanzierungswürdiges, um der neuen Freiheit recht froh zu werden: ein atavistisches Erbe etwa, das weit in eine dunkle Stammesgeschichte zurückverweist, als wir noch Affen waren, oder ein Unbewußtes, das sich mit aller Aufklärungsarbeit nicht zur Räson bringen läßt.

In dieser Version der neuzeitlichen Geschichte scheint das Individuum zusehends genötigt zu werden, Techniken der Distanznahme zu entwickeln, ohne daß ihm diese Techniken doch zu einer in sich selbst ruhenden Persönlichkeit, womöglich nach Maßgabe antiker Weisheitslehren, verhülfen. Der neuzeitliche Mensch wäre demnach dazu gezwungen, ein Virtuose der Distanz zu werden – und der «flexible Charakter», den der Kapitalismus modernster Ausprägung verlangt,[45] erschiene als logische Fortentwicklung dieses neuzeitlichen Menschentyps. Aber das ist vermutlich nur die eine Seite der Medaille. Die andere zeigt die Geschichte der letzten fünf Jahrhunderte als Geschichte unablässiger Versuche, jeden religiösen, weltanschaulichen, sozialen Distanzgewinn des Individuums abzuwenden durch die Erfindung neuer Instanzen, Ideologien und Institutionen. Es fällt nicht schwer, den Verlauf dieser letzten fünf Jahrhunderte, angefangen mit Reformation und Gegenreformation über den Absolutismus bis zu den modernen

44 So wenigstens die neuzeitliche Kritik, vgl. Friedrich Schiller: Die Götter Griechenlands.

45 Vgl. Richard Sennett: The Corrosion of Character. The Personal Consequences of Work in the New Capitalism, New York/London 1998.

46 Desiderius Erasmus von Rotterdam: Adagiorum Epitome ex novissima Chiliadum ceu ipsorum fontium recognitione excerpta, Amsterodami 1649, S. 478. Vgl. auch Baltasar Gracián: Hand-Orakel und Kunst der Weltklugheit. Aus dessen Werken gezogen von D. Vincencio Juan de Lastanosa und aus dem spanischen Original treu und sorgfältig übersetzt von Arthur Schopenhauer, Zürich 1993, Nr. 260, S. 206: «Keinem werden wir und keiner uns ganz angehören.»

47 «Victor aliquis pugnando evasit, nemo fugiendo» (Justus Lipsius: De constantia libri duo, I 3, in: Opera omnia, postremum ad ipso aucta et recensita nunc primum copioso rerum indice illustrata, Vesaliae 1675, Bd. 4, S. 530).

48 Im Blick auf den – die Protestanten besonders erbitternden – Mentalvorbehalt beim Eid siehe z. B. Alphons Maria de Liguori: Theologia moralis, lib. IV, tract. 2, cap. 2, dub. 4, art. 151–171, curavit Michael Heilig, Bd. 2, Mechliniae/Moguntiae 1845, S. 315–327: «An in juramento liceat uti aequivocatione?» mit diversen einschlägigen Autoritätszitaten.

Nationalstaaten, Totalitarismen und Wohlfahrtsdemokratien, als fortgesetztes Ringen um Maßnahmen zur Domestizierung des deroutierten, distanzierungswilligen Menschen auszubuchstabieren.

Diese Maßnahmen werden den Menschen nicht etwa von außen auferlegt, sondern sind von Menschen für Menschen gedacht. Denn eigentlich fühlt sich der Mensch für die neuen Distanzfreiräume nicht geschaffen und sehnt sich danach, sie mit Nestwärme zu kompensieren, wobei er sich zugleich manche Vorteile des Distanzierungsgewinns sichern möchte. Die neuzeitlichen denkerischen Bemühungen um das, was der Mensch ist und was er sein soll, sind daher eingespannt in die Polarität radikaler Emanzipation und ebenso radikaler Einbindung. Die Vorschläge, wie Distanz zu gewinnen sei, reicht vom humanistischen *polypi mentem obtine,*[46] von der neustoischen *constantia*[47] und der jesuitischen *reservatio mentalis*[48] über den moralistischen *amour-propre,*[49] über Baruch de Spinozas Reduktion des Menschlichen auf Modi der Attribute der einen göttlichen Substanz,[50] über Immanuel Kants Selbstgesetzgebung des Willens[51] und Arthur Schopenhauers pessimistische Kälte angesichts des Weltjammers[52] bis hin zu Friedrich Nietzsches «Pathos der Distanz»,[53] zu Monsieur Testes prinzipiellem Meinungsverzicht[54] und zu Helmuth Plessners Anthropologie als «neusachlichem Mantel- und Degenstück».[55]

Wie fügt sich moderne Coolness in dieses Mosaik? Sie erscheint als – häufig vorreflexiver – Versuch, Lebensoptionen durch Distanzierung von allerhand Kohäsionszumutungen zu wahren oder zu schaffen. Sie ist ebenso vielgestaltig und wandlungslustig, wie es die Kohäsionszumutungen und die erträumten Lebensoptionen sind. Obgleich die Ikonographie des heutigen Coolen Anleihen in der afro-amerikanischen Widerstandskultur macht, hat dieses Coole doch seinen politischen Biß weithin verloren. Der coole Habitus ist mittlerweile eine Hülle für unverbindlichen Genuß – wobei das Konsumierte möglichst neu, möglichst anders sein soll als das bisher und von andern Konsumierte. Das Coole von gestern ist heute ein ganz alter Hut. Der Coole unserer Tage ist umso cooler, je mehr er sich völliger Ideologie- und Überzeugungsabstinenz annähert; er hat nichts, wofür sich ein wirkliches Engagement lohnt – außer dem Anschein des Sich-Entziehens, der auch im wildesten

49 «L'amour-propre est plus habile que le plus habile homme du monde.» (François VI de La Rochefoucauld: Reflexions ou sentences et maximes morales [⁵1678], no. 4, in: Œuvres complètes, ed. L. Martin-Chauffier et Jean Marchand, Tours 1964, S. 403.

50 Baruch de Spinoza: Ethica ordine geometrico demonstrata, pars II, propositio XI, demonstratio (ed. Jakob Stern / Bernhard Lakebrink, Stuttgart 1977, S. 136). Spinoza hat ein metaphysisches System der größtmöglichen Distanzierung geschaffen – eine systematische Stabilisierung der Kälte, wenn man es metaphorisch ausgedrückt haben möchte.

51 Immanuel Kant: Grundlegung zur Metaphysik der Sitten, in: Werke. Akademie-Ausgabe, Bd. 4, Berlin 1911, S. 433.

52 Arthur Schopenhauer: Die Welt als Wille und Vorstellung, Bd. 1, 4. Buch, § 59, in: Werke in 10 Bänden. Züricher Ausgabe, Bd. 2, Zürich 1977, S. 405.

53 Friedrich Nietzsche: Jenseits von Gut und Böse, Aph. 257, in KSA, Bd. 5, S. 205.

54 Paul Valéry: Der Abend mit Monsieur Teste, in: Monsieur Teste. Aus dem Französischen von Max Rychner, Leipzig / Weimar 1980, S. 20 (vgl. S. 75).

55 Helmut Lethen: Verhaltenslehren der Kälte. Lebensversuche zwischen den Kriegen, Frankfurt am Main 1994, S. 75–95.

Konsumexzeß aufrecht erhalten werden muß. Seine Faszinationskraft liegt in diesem Widerspruch von Distanz und Involviertsein, wobei das Involviertsein beim Idealtypus des Coolen noch bedeutet haben mag, an etwas zu glauben, für das es sich zu sterben lohnt, während das Involviertsein beim heutigen Coolen nur noch in bestimmten, zugleich unendlich variablen Konsumpräferenzen besteht. Damit sinkt das Distanziertsein zur bloßen Pose ab - zu einer schönen Pose, die allgemein gefällt. Denn sie suggeriert, daß das Sich-Entziehen billig zu haben ist - und doch alles beim Alten bleiben kann.

Der heutige Coole ist deshalb so nachgefragt, weil er durch die Pose des Distanziertseins den Anschein zu erwecken vermag, er habe eine innere Glut im Zaum zu halten, die ihm ebenso fehlt wie seinen lauen Bewunderern. Er ist ein verkappter Kompromißler, dem die unerbittliche Konsequenz jener alten Virtuosen der Distanz - des stoischen Weisen, des Kartäusermönchs - abgeht und der deshalb als Objekt weitverbreiteter Wunschprojektionen so geeignet ist. Der landläufige Coole ist die notdürftig drapierte Verkörperung des wechselwarmen Sowohl-als-Auch. Sein Leiden ist womöglich nur ein Leiden an einem akuten Leidensdefizit. Coolness wünscht Spannung, Anspannung des Lebens durch Extreme, verbirgt aber die Sehnsucht nach Geborgenheit nur unzureichend. Schade, daß der cool erkämpfte Distanzfreiraum selten für den Übergang aus einem vorreflexiven in einen reflexiven Zustand genutzt wird. Die im Coolen wirkmächtige Lust an der Entfremdung, die die Wohlstandsgenerationen der nach 1945 Geborenen befallen hat, ließe sich womöglich in eine Haltung skeptischer Gelassenheit ummünzen, die keiner vorgeblichen (aber leider unmöglichen) Authentizität oder Unmittelbarkeit hinterherhechelt, sondern die Unbestimmtheit der abendländischen Horizonte als Aufforderung zu einer Selbstgestaltung jenseits aller Stil- und Fühlzwänge der Coolness begreift: Vergleichgültigung der meisten Dinge aus *intellektuellem* Selbstgestaltungsbedürfnis.

Helmut Lethen

# Fern vom Untergrund

I.

Am 14. Dezember 2003 erscheint auf der Titelseite der Tageszeitungen eine denkbar nichtssagende Fotografie. Man sieht nichts als weltraumleeres Pixelgestöber. Am 13. Dezember hatte der US-Zivilverwalter im Irak, Paul Bremer, vor der Weltpresse ein Video gezeigt. Ganz in Grün, wie durch ein Nachtsichtgerät gefilmt, wird etwas Umweltartiges gezeigt, das der Eingang zu Saddams Erdloch sein soll. Das Versteck sei zwei Meter tief gewesen, Steine und Schutt hätten den Eingang zum Erdloch überdeckt. Die Grube sei, so der Kommandeur der amerikanischen Truppen im Irak, Ricardo Sanchez, so groß gewesen, daß ein Mensch darin liegen konnte. Be- und Entlüftung hätten aber dafür gesorgt, daß der Diktator es relativ lange darin hätte aushalten können.

Ein Erdloch. Die Phantasmen der unterirdischen Sammelplätze von Saddams Garde und der tiefen Depots seiner Massenvernichtungswaffen schrumpfen am 14. Dezember 2003 zu einem Kratzer an der Oberfläche. Trotzdem regt das nebelhafte Foto noch einmal Erinnerungen an die Bildgeschichte des «Untergrunds» an. Den interessantesten Beitrag zur «politischen Ikonographie des Tyrannen im Souterrain» liest man am Tag nach der Entdeckung in der *Frankfurter Allgemeinen Zeitung.* Jürgen Kaube erinnert einerseits an die «tellurische Existenz», die Carl Schmitt den Partisanen zuschrieb, die ein besetztes Territorium von «raumfremden Mächten» freikämpfen, andererseits an die groteske Figur des weltflüchtigen Diktators, der sich einbunkert. Die unterirdische Zuflucht nimmt ihm allerdings mit dem Verlust der freien Sicht den letzten Rest des Wirklichkeitssinns. «Tief im Felsen» ist die Kommandozentrale für Fälle untergebracht, in denen es nichts mehr zu kommandieren gibt. Aber man entdeckte Saddam nicht «tief im Felsen», das Erdloch befand sich in einem Sumpfgebiet, und man konnte ihn mit Schaufeln ausgraben. «Könnte man sich diesen Tyrannen als gnostischen Asketen vorstellen, der unter der Erdoberfläche einem Weltuntergang nachsinnt, der besser wäre als die eigene Gefangenschaft?»

Die Vorstellungen von Fels und Bunker hatten sich im Pixelgestöber des Erdlochfotos nicht aufgelöst, die politische Mythologie versenkt den geschlagenen Machthaber wieder in die Tiefen des

Untergrunds. Kurz danach erfuhr man von dem Vorhaben, Saddams Erdloch komplett auszugraben und in den USA als sichtbares Exponat des Sieges auszustellen. Dieses Unternehmen verlief offenbar im Sande.

Sind Vorstellungen des «Untergrunds» ein letzter «tellurischer» Versuch, die Urheber des Terrors zu *lokalisieren*, während er, wie die Geopolitik, in die er verwoben ist, ein auf der Oberfläche der Erde allgegenwärtig verstreutes Phänomen ist? Er läßt sich nicht mehr «ausheben». Er navigiert in Datenströmen. Die Zerstreuung seiner Zentren macht ihn schwer angreifbar.

Im Rückblick scheint es, als habe Kusturicas Film *Underground* 1995 den Anachronismus der überlieferten Bilder des «Untergrunds» schon vorgezeichnet. Eine Gruppe von Partisanen taucht nach der Besetzung Jugoslawiens durch die Deutschen in ein Bunkerlabyrinth ab. Dort beginnen sie mit dem Bau von Waffen, die ein Schwarzmarkthändler an die «Oberwelt» weiterverkauft. Das Geschäft ist so lukrativ, daß man es versäumt, die Untergrundkämpfer über das Kriegsende zu informieren. Mit Hilfe fingierter Rundfunkberichte läßt man die Partisanen in dem Glauben, die Besetzung dauere weiter an. Nach zwanzig Jahren werden die Partisanen mißtrauisch und wagen sich an die Oberfläche. Dort geraten sie in einen Partisanenfilm, wobei einer der Untergrundmenschen den Darsteller eines deutschen Leutnants erschießt. Bald darauf bricht in Tageshelle der bosnische Krieg aus.

II.

Lionel Trilling (1905-1975) schrieb seit 1939 für die *Partisan Review*, die Stimme der antistalinistischen Linken in den USA. Er gehörte zur berühmten Gruppe der *New York Intellectuals* und genoß in den Staaten in den fünfziger und sechziger Jahren den Ruf eines «Elder Statesman of Letters». Man kann sich die gespannte Atmosphäre vorstellen, in der Trilling auf dem Höhepunkt der Studentenbewegung seine Überlegungen zum «Ende der Aufrichtigkeit» an der Universität von Harvard vortrug. Die Gegner der «counterculture» beriefen sich auf dieses Buch und reklamierten seinen Autor für die Neue Rechte. Trilling habe die «student barbarians» der Columbia University zurechtgewiesen: «Hesitant, polite, but finally defiant of the New Left - how very profoundly the experience of spring 1968 at Columbia must have hurt this shy and gentle man.»[1]

Trillings Skepsis richtete sich tatsächlich gegen eine Bewegung, die nach seiner Beobachtung den innersten Kern der Identität «unter den Konstrukten der Zivilisation» suchte. Er mißtraute dem Kult der «rauhen Konkretheit», welche die Formen der Höflichkeit außer Kraft setzt, um der von den Vätern verschwiegenen Wahrheit zum Durchbruch zu verhelfen. «Untergrundmenschen» nennt er Leute, die den «Wurzelgrund der Wahrheit *in extremis*» suchen und die kulturellen Überbauten durchbrechen wollen, um zu dem Punkt vorzustoßen, wo alle Dynamik ihren Ursprung haben soll. Selbst Rousseau, hält er den neuen «Barbaren» vor, habe dem «Ideal patrizischer Bürgerlichkeit» die Treue gehalten. Und er wendet einen früheren Gedanken von Herbert Marcuse gegen die Studenten, die sich auf ihn als Stichwortgeber des Protests berufen: Authentizität sei nur als Resultat sozialer Imperative möglich und davon abhängig, «daß diese Imperative in Geltung bleiben».[2]

Die Polemik gegen den «Moraljargon» der Studenten der Columbia Universität spielt auf den ersten Blick in Trillings Aufrichtigkeitsbuch kaum eine Rolle; auch der Topos des «Untergrunds» steht nicht im Mittelpunkt seiner Aufmerksamkeit. Doch auf dem kursorischen Gang durch die Geschichte des Authentizitätsgedankens macht er eine denkwürdige Galerie von Denkern auf, deren Überlegungen von der Idee des «Durchbruchs» beherrscht werden: die Sphäre des zivilen Scheins muß durchbrochen werden, um in elementarere Schichten des Daseins einzutauchen. Bilder des Aufrichtigen sind oft Bilder des «Untergrundmenschen», Vertreter einer fanatischen Reinheit wie Robespierre, der *meergrüne Unbestechliche,* wie Carlyle ihn wegen seiner Rechtschaffenheit und der dandyhaften Farbe seines Rockes zu nennen pflegte,[3] oder Kurtz, der Held von Joseph Conrads Roman *Herz der Finsternis,* der unter die Oberfläche der Zivilisation bis in «stygische Tiefen» hinabstieg.

Während die Literaten des 19. Jahrhunderts vergeblich versuchten, in Kontakt zu der «primitiven Kraft» zu kommen, glaubten ein Jahrhundert später die Avantgardisten, die Energieströme des «Untergrunds» für ihre Strategien nutzbar zu machen.

1 D.K. Mango, zit. nach John Rodden: The Politics of Lionel Trilling's Reputation, in: Society 36 Juli/August 1999, S. 85.

2 Lionel Trilling: Das Ende der Aufrichtigkeit, München/Wien 1980, S. 149.

3 Trilling: Aufrichtigkeit, S. 70.

Mit Befremden und zunehmender Abwehr beschreibt Lionel Trilling, Liebhaber aristotelisch maßvollen Verhaltens, die Geschichte des «Moraljargons». Gegen ein Denken, das in elementare Sphären nicht entfremdeter Existenz abtauchen will, erinnert er an Hegels Gedanken, daß die Existenz in der Selbstentfremdung in den «Adel der gebildetsten Freiheit des Selbstbewußtseins» umschlägt.[4] Er entdeckt in Diderots Schrift *Rameaus Neffe* Spielräume der Freiheit in der Choreographie der Gesellschaft. Wenn Trilling etwas haßt, ist es die Idee des «Untergrunds», die sich im 19. Jahrhundert herausbildet und im 20. Jahrhundert von Avantgardisten ins Extrem getrieben wird: als das von der Oberfläche gesellschaftlichen Seins verbannte *Erhabene* des Männlichen, dessen Ehrgeiz es ist, Schrecken zu erregen.

Am Vorbild der Stoiker hat Lionel Trilling das «theatralische Element» in ethischen Systemen zu schätzen gelernt. Es geht ihm wie Erving Goffman um *Presentation of Self in Everyday Life.* Das ist der Grund, warum er mit Hegel Diderots *Rameaus Neffe* schätzt. Diderots exzentrischer Held verrät ein Prinzip der Lebensklugheit: Der Einzelne füllt mit theatralischem Geschick die Spielräume aus, die die Choreographie der Gesellschaft ihm läßt. Hegel erkannte im Neffen die Reflexivität des modernen Bewußtseins. Für Michel Foucault verkörpert er die «Einsamkeit des Seins» und die Lust des Manövrierens im «Glitzern der Erscheinungswelt», Lionel Trilling erscheint er als Muster einer Lebensführung, die weiß, daß nur im Spiel der Selbstentfremdung Freiraum zu gewinnen ist. Es gilt, sich mit der Tugend des Maßes im schönen Schein zivilen Verhaltens zu bewegen. Die ironische Lebensführung richtet sich darauf ein, ein Gleichgewicht zwischen Vertrauens- und Mißtrauenssphären zu schaffen. Bei diesem Unternehmen entlasten den Ironiker Zeremoniell und Takt, Diplomatie und Verhaltenheit der Affekte, die für den Ausgleich von Nähe und Distanz sorgen. Es geht um die Entwicklung von Spielformen des guten Maßes, mit denen sich, wie Helmuth Plessner in seinem Essay von 1924 *Grenzen der Gemeinschaft* formuliert, «die Menschen nahe kommen, ohne sich zu treffen, mit denen sie sich von einander entfernen, ohne sich durch Gleichgültigkeit zu verletzen».[5]

4 Trilling: Aufrichtigkeit, S. 41.

5 Helmuth Plessner: Grenzen der Gemeinschaft. Eine Kritik des sozialen Radikalismus, in: ders.: Gesammelte Schriften, Bd. 5, Frankfurt/M. 1981, S. 80.

6 Trilling: Aufrichtigkeit, S. 158.

Trilling wiederholt ein halbes Jahrhundert später den Grundsatz von Plessners Verhaltenslehre: Der Mensch muß sich in den sozialen Figurationen der Gesellschaft, die das natürliche Medium seiner Existenz bilden, verwirklichen. Das Psychische muß sich im fremden Medium des Scheins verlieren, um zu sich zu gelangen – Schein zivilisiert!

Da diese Grundsätze sich auf den ersten Blick gegen die Psychoanalyse mit ihrer Topographie des «Unbewußten» richten, ist Trilling bemüht, die Lehre Sigmund Freuds gegen das Denkmodell des «Untergrunds» abzugrenzen. Er beruft sich auf Freuds Revision des Schichtenmodells der Psyche, die er seit 1919 beobachtet. Gegen das Bild vom Unbewußten als untergründiger Instanz von ursprünglicher Kraft erinnert er daran, daß nach Freud das Unbewußte vollkommen in Nicht-Authentisches verstrickt ist. Der Fanatismus der Reinheit kann sich nicht auf Freuds Entdeckung des Unbewußten berufen. Die Parole der Surrealisten «Unter dem Pflaster ist der Strand» ist eine malerische Idee des Exotismus, die keinen Kontakt mit Freuds Erkenntnissen unterhält.

Lionel Trillings Buch schloß mit dem Aufruf, statt wie die «student barbarians» nach einem elementaren Grund unter der entfremdeten sozialen Realität zu suchen, die Mühe auf sich zu nehmen, «einzugreifen, Opfer zu sein, mit Rabbis zu streiten, zu predigen, Schüler zu gewinnen, auf Hochzeiten und Begräbnisse zu gehen, irgendetwas zu beginnen und an einem gewissen Punkt festzustellen, daß es zu Ende ist».[6]

Sein Appell zur Lebenskunst in der Entfremdung konnte nicht hingenommen werden. Die Söhne schlugen zurück, ernannten ihn erst zum «godfather of neoconservatism» und machten ihn in einem zweiten Schritt zu einem klinischen Fall. James Trilling, sein Sohn, inzwischen Experte für Byzantinismus und Geschichte des Ornaments, veröffentlicht 1999 einen Artikel mit dem Titel «My Father and the Weak-Eyed Devils». Die private Existenz des Vaters habe «the empty reality» hinter der Maske des Grandseigneurs enthüllt. Der Habitus seiner Kühle zeige Symptome des «attention deficit disorder», die er in der Öffentlichkeit nur notdürftig habe verbergen können. ADS (Aufmerksamkeitsdefizitsyndrom) sei die untergründige Wahrheit des stoischen Verhaltenslehrers.

III.

Hätte Lionel Trilling einen Blick auf die deutsche Literatur um 1800 geworfen, so wäre ihm ihre Sehnsucht nach «Untergrund» als Kennzeichen aufgefallen. «Der kühne Fuß des Menschen steigt in die tiefen Schachten der Erde hinab, und unser denkendes Wesen sollt es nicht wagen, in die eigenen Tiefen hinabzusteigen», bemerkte Karl Philipp Moritz. «Um 1800 werden Besuche in Bergwerken für Intellektuelle geradezu obligatorisch.»[7] Die romantischen Erkunder des Bergwerks sahen in ihm «nicht einfach ein kaltes Loch im Erdboden; es war ein vitaler, pulsierender Ort, in den der Mensch hinabstieg wie in seine Seele». Romantische Schriftsteller verstanden sich als «Bergingenieure der Seele». Geologen und Archäologen werden im Laufe des 19. Jahrhunderts Experten des Untergrunds. Ende des Jahrhunderts beginnt die Psychoanalyse das Bergwerk der Seele zu erschließen.

Wie Heinz Schlaffer in Erinnerung gerufen hat, wurde das Denkmuster des «Durchbruchs» zu tieferen Dimensionen in der deutschen Kultur nachhaltig vom Pietismus geprägt, auch wenn der Wortschatz des Pietismus und seine religiösen Wurzeln in Vergessenheit gerieten. Es mag darum überraschen, daß in den Jahrzehnten der europäischen Avantgarden (1910–1930) die Rede vom «Durchbruch» zu einer Schlüsselmetapher wurde. In diesen Jahrzehnten lag es näher, an den militärischen Assoziationsraum des Begriffs, an Manöver von Budjonnis Reiterarmee, Marinettis Abwurf von Flugblättern über dem Markusplatz aus dem Flugzeug oder Ernst Jüngers Arbeit als Stoßtruppführer zu denken.

Ganz abgelegt hatte das Durchbruchsdenken aber seine mystische Tradition auch nicht unter den Avantgardisten. Im November 1930 erscheint in der *Neuen Rundschau* Gottfried Benns Essay *Der Aufbau der Persönlichkeit*. Der Essay faßt die Motive des zeitgenössischen Untergrunddenkens zusammen. Benn greift auf die Naturphilosophie der Romantik zurück, verbindet Sigmund Freuds *Traumdeutung* mit Lucien Lévy-Bruhls *Denken der Naturvölker* und unterbaut diese Collage mit Ergebnissen der zeitgenössischen Hirnforschung. Der bekannteste Satz des Essays lautet: «Wir tragen die frühen Völker in unserer Seele, und wenn die späte Ratio sich lokkert, in Traum und Rausch, steigen sie empor mit ihren Riten,

7 Heinz Schlaffer: Die kurze Geschichte der deutschen Literatur, München 2002, S. 87 ff.

ihrer prälogischen Geistesart und vergeben eine Stunde der mystischen Partizipation. Wenn der logische Oberbau sich löst, die Rinde, müde des Ansturms der vormondalten Bestände, die ewig umkämpfte Grenze des Bewußtseins öffnet, ist es, daß das Alte, das Unbewußte, erscheint in der magischen Ichumwandlung und Identifizierung, im frühen Erlebnis des Überall und des Ewigseins.»[8]

In diesen beiden Sätzen liegt neben dem pietistischen Grundgestus anderes: die Erinnerung an die Südseebilder Paul Gauguins und Henri Rousseaus, Sigmund Freuds früher Blick in den Keller der Psyche, Paul Klees «Kinderkritzeleien» und Hans Prinzhorns *Kunst der Geisteskranken.* Die zwei Sätze lassen auf eine gewisse Sanftheit der Regression in der Lockerung des Bewußtseins hoffen. Traum und Rausch als Königswege zur archaischen Schicht der Psyche - das ist die milde Version des Untergrunddenkens. Dabei bleibt es nicht. Schon der nächste Satz verbindet das Denkmodell mit der zeitgenössischen Topographie des Gehirns. Unter der «Rinde» liegt ein Energiezentrum, dessen Ausstrahlungen zivilisatorisch nicht gedämpft werden können: «Das Erbgut des Stammhirns liegt noch tiefer und lustbereit: ist der Mantel destruiert, im psychotischen Zerfall, stößt, aus dem primitiv-schizoiden Unterbau emporgejagt von den Urtrieben, das ungeheure, schrankenlos sich entfaltende archaische Trieb-Ich durch das zerfetzte psychologische Subjekt empor.»[9]

Wer Beispiele für diese einzigartig deutsche Kombination von pietistischer Erweckung und Aggression sucht, wird Bilder des ungehemmt jagenden Triebsubjekts in Erfahrungsberichten aus dem Ersten Weltkrieg wie in Ernst Jüngers Tagebuch *In Stahlgewittern* sowie den Essays *Der Kampf als inneres Erlebnis* und *Wäldchen 125* finden, in denen er - um mit Benns Kategorien zu reden - den Mantel der Großhirnrinde ablegt, um als Stammhirn mit Handgranaten und Pistole zu agieren.

Deutsche Ethnographen hatten sich bereits um die Jahrhundertwende über das moderne Faszinosum der Erforschung der «primitiven Völker» verständigt. Rudolf Bastian, der Gründer der deutschen Ethnologie als akademischem Fach, spricht in seinem 1900 erschienenen Buch *Die Völkerkunde* von einer untergründigen Affinität zwischen den Kultobjekten der Stammeskulturen und der mo-

8 Gottfried Benn, Der Aufbau der Persönlichkeit, in: ders.: Essays und Reden in der Fassung der Erstdrucke, hg. von Bruno Hillebrand, Frankfurt/M. 1984, S. 118; vgl. ders.: Sämtliche Werke, Bd. 3, Stuttgart 1987, S. 271.

9 Ebd.

dernen Kunst, ihrer «Identity of Spirit», wie es noch am Ende des 20. Jahrhunderts heißen wird. Bastian entdeckt, daß sich in Stammeskulturen gleichwie in modernen Kulturen unter der «Oberfläche» der gleiche «Elementargedanke» befindet. «Er fand sich leicht genug die *Maskierung* abgezogen, die Auftünchung fortgewaschen, und dann, siehe da! Zu Boden unterst lag Er überall offenkundig vor Augen, der ärmlich-arme Elementargedanke, nackt und bloß, ein und derselbe allüberall, in allen fünf Continenten derselbe (unter typischen Varianten) - so wie ihn der Wildstand gedacht, auch unter den cerebralen Cartenhäusern der Civilisation verborgen.»[10]

Das Denkmuster stammte, wie wir von Lionel Trilling und Heinz Schlaffer erfahren, aus dem 18. und 19. Jahrhundert. Gottfried Benn konnte es zum Beispiel in der Gedankenwelt Schopenhauers finden. Dieser hatte zwischen einer (ersten) Welt des Begehrens, deren Motor der *Wille* ist, und einer (zweiten) Welt als Erscheinungsform, in deren Anschauung sich der *reine Intellekt* vom Willen emanzipiert, unterschieden. Handeln geht vom Ausdruck des Willens aus. Elend, Betrug und Gewalt sind Ausdruck des elementaren Reichs, sie können nicht vor das Gericht einer moralischen Vernunft zitiert werden.[11] Leuten wie Ernst Jünger erscheint die Zivilisation als eine Störung des Energieflusses, der vom «Elementarbereich» ausgeht. Der Asphalt der Städte versiegelt die Energien der Erde.

Es kommt nun auf die unterschiedliche Bewertung an, ob die Erkenntnis einer Spannung zwischen zivilisatorischer Oberfläche und vitalem Kern zum Grund des «Unbehagens» (Sigmund Freud) wird, oder ob man in ihm die Chance des Eintauchens in einen Elementarbereich erkennt, der gleichsam eine Wiedergeburt ermöglicht: Hier, unter der Oberfläche des Kriegs der Maschinen, «herrschte der große Schmerz, und zum ersten mal blickte ich wie durch einen dämonischen Spalt in die Tiefe seines Bereichs».[12]

Die Karriere des Untergrunddenkens hängt mit seiner vielfältigen Einsetzbarkeit zusammen. Denn an den Ort des «Elementarreichs» werden die unterschiedlichsten Namen eingetragen. Der «Wilde» kann durch das «Kind» ersetzt werden. Paul Klee macht 1912 darauf aufmerksam, daß die «Uranfänge der Kunst»

10 Adolf Bastian: Völkerkunde, S. 13, zitiert nach: Fritz Kramer: Einfühlung Überlegungen zur Geschichte der Ethnologie im präfaschistischen Deutschland, in: Thomas Hausschild (Hg.): Lebenskunst und Fremdenfurcht. Ethnologie im Dritten Reich, Frankfurt/M. 1995, S. 95.

11 Dietrich Harth: Kulturpessimismus. Artistik als Oppositionsprogramm, in: Neue Rundschau 103 (1992), S. 155f.

12 Ernst Jünger: In Stahlgewittern, in: ders.: SW, Bd. 1, Stuttgart 1978, S. 37.

nicht nur im Völkerkundemuseum zu besichtigen sind. «Die Kinder können's auch.»[13] Die «Kunst der Geisteskranken» konnte ebenso den Platz des «Elementaren» ausfüllen wie der «Lustmörder», der «Zigeuner», der «Ostjude», der «Frontsoldat» oder der «Proletarier». Die Platzhalter des Elementaren sind austauschbar.

Gegen Ende der Weimarer Republik taucht das Denkmodell in die Sphäre des Politischen Existenzialismus ein. Unter der Schicht des «endlosen Palavers» mit seinem Streben nach Ausgleich liegt die Sphäre des wahren Ernstes, der nur in Todesgefahr spürbar wird. Die Demokratie, in der Sekuritätsbedürfnisse, Hygiene, Versicherungen, Telefonnetze und Printmedien herrschen, hat den Menschen vom Reich des Ernstfalls entfremdet. 1931 erscheint der Bildband *Der gefährliche Augenblick,* in dem der «Einbruch des Gefährlichen in den Lebensraum» gefeiert wird.[14] Fotografien von den Barrikaden im Berliner Zeitungsviertel, einem Eisenbahnzusammenstoß in New Jersey, dem Absturz eines Trapezartisten, dem Stellungskrieg an der Westfront und von Gewerkschaftskämpfen sollen die Allgegenwart der Gefahr dokumentieren. «Das Geheimnis, das sich dahinter verbirgt, ist eine neue und andersartige Rückkehr zur Natur, ist die Tatsache, daß wir zugleich zivilisiert und barbarisch sind, daß wir uns dem *Elementaren* genähert haben, ohne an Schärfe des Bewußsteins verloren zu haben.»[15] Todesbereitschaft ist nötig, um an der *Intensität* des Lebens zu partizipieren. Das Politische, das von der existenziellen Notwendigkeit ausgeht, den «Feind» zu töten, ist der «Garant des Lebensernstes»[16], liest man bei Carl Schmitt (und Benn wird es ihm 1933 nachsprechen). Den «bösen» Menschen zeichnet der Kontakt mit diesem Elementarernst aus. Denn, «der böse, der gefährdete Mensch ist zugleich und – wie uns scheint – wesentlich der Mensch, dem es ernst ist, der etwas hat, wofür er zu töten bereit ist.»[17]

Als Carl Schmitt nach dem Zweiten Weltkrieg erneut über Gottfried Benn nachdenkt, äußert er den Verdacht, daß dessen «Nihilismus» nur der Tarnung gedient habe: «Gottfried Benn ist ein Selbsttätowierer (wie übrigens viele intellektuelle Deutsche protestantischer Herkunft). Er tätowiert nihilistische Schauerlichkeiten auf seine brave pietistische Haut. So macht er sich unkenntlich.»[18] Sollte der Impuls des Pietismus untergründig noch immer die Dynamik der deutschen Kunstentwicklung bestimmen?

13 Paul Klee, zitiert nach Otto Karl Werckmeister: Versuche über Paul Klee, Frankfurt/M. 1981, S. 124.

14 Ernst Jünger: Über die Gefahr, in: Ferdinand Buchholtz (Hg.): Der gefährliche Augenblick, Berlin 1931, S. 11.

15 Ebd., S. 15. Hervorhebungen HL.

16 Vgl. Michael Großheim: Politischer Existenzialismus. Subjektivität zwischen Entfremdung und Engagement, Tübingen 2002, S. 136.

17 Helmuth Kuhn: Rezension von Carl Schmitt ‹Der Begriff des Politischen›, in: Kant-Studien 38 (1933), S. 191.

18 Carl Schmitt: Glossarium. Aufzeichnungen der Jahre 1947–1951, Berlin 1991, S. 317.

IV.

Eine Wende, die aus dem Tiefsinn hinausführt, deutet sich im 20. Jahrhundert im Werk Bertolt Brechts an:

*Dieses oberflächliche neuerungssüchtige Gesindel*
*Das seine Stiefel nicht zu Ende trägt*
*Seine Bücher nicht ausliest*
*Seine Gedanken wieder vergißt*
*Das ist die natürliche*
*Hoffnung der Welt*
*Und wenn sie es nicht ist*
*So ist alles Neue*
*Besser als alles Alte.*[19]

Nietzsches Erkenntnis, daß die deutsche Bildung nichts als ein «Handbuch der Innerlichkeit für äußere Barbaren» zustande gebracht habe, mag die Weichen für diese Wendung gestellt haben. «Tiefe» soll nicht mehr in Bergwerken der Psyche, sondern in der Weite des gesellschaftlichen Raumes gesucht werden. Sichtbare Handlungen sind das einzig zuverlässige Indiz für die innere Einstellung der Akteure. Wie mächtig die Tradition pietistischen Denkens immer noch ist, zeigt sich daran, daß die Wendung zur Oberfläche des Aktionsraums als schmerzliche «Entkernung» begriffen wird. Brecht stellt sie in seinen «Lehrstücken» als Sterbeszenen dar. Die Prozedur geht nicht ohne Gewaltphantasien ab. Man kann Walter Benjamins Essay über den *Destruktiven Charakter* oder *Erfahrung und Armut* als Studien lesen, in denen der Abbruch der Kultur der innerlichen «Tiefe» ins Extrem getrieben wird. Unter dem Stern der «Totalen Mobilmachung» werden flache Charaktere entworfen, deren «Tiefe» sich am Radius ihrer Handlung bemißt. In einer Art «Gepäckerleichterung» (Ernst Jünger) versucht man, sich das Tiefdenken des 19. und 20. Jahrhunderts vom Hals zu schaffen. Im Endstadium der Weimarer Republik bleiben die Phantasien der extrem flachen Person nicht auf ihren Spielplätzen, nicht an Orten des Probehandelns, sondern finden bei Jünger, Brecht, Benjamin und Bronnen Anschluß an politische Institutionen, die ihre Mobilitätsphantasien absorbieren und deren Urheber absondern. In der Kultur gab es keine Zukunft für die antipietistische Wende.

19 Bertolt Brecht: Alles Neue ist besser als alles Alte, in: ders.: GW, Bd. 4, Frankfurt/M. 1967, S. 314 ff.

Heinz Schlaffer ist Recht zu geben - nach 1945 wurde der Pietismus wieder reaktiviert. Sogar die Erinnerung an die Zustände unter Tage konnte nun in der Bergarbeiterliteratur faszinieren.

Erst in den sechziger Jahren taucht das «oberflächliche Gesindel» wieder auf. Hatte der Tiefsinn der Väter ins Verderben geführt, so war das Vergessen des Alten «die natürliche Hoffnung der Welt / Und wenn sie es nicht ist / So ist alles Neue / Besser als alles Alte». Benjamins Traktat *Über das Kunstwerk im Zeitalter seiner technischen Reproduzierbarkeit* wurde unser Vademekum. Reproduktionen waren besser als abgrundtiefe Dinge, deren «Aura» in hermetischen Ritualen abgeschirmt wurden. Phantasien des Untergrunds verliefen sich in «underground comix». Die Impulse zur Überwindung des Alten lagen im Motorischen, in 45er Platten der Jukebox eher als im Oberseminar. Ernst genommen wurden Theorien, insofern von ihnen Bewegungsimpulse ausgingen. Erschöpften sich diese, wurde ein neues Bewegungsmodell ausprobiert. In dem Moment, als die Kritische Theorie als lähmend empfunden wurde, griff man zu Modellen der III. Internationale oder zu den Schriften Mao Tse-tungs, die leicht zu transportieren waren - oder wandte sich dem «Untergrund» der RAF zu.

## V.

«Unter dem Pflaster liegt die Kanalisation!» Wir konnten uns in der Redaktion der *Berliner Hefte* 1978 leicht auf Heinz-Dieter Kittsteiners polemische Wendung gegen die surrealistische Parole, die zu einem populären Graffiti-Schriftzug in Frankfurt und Berlin geworden war, einigen. Die konspirative Phase in maoistischen Parteien lag hinter uns - in Berührung mit dem Untergrund hatte sie uns nicht gebracht. Man kann auch sagen, diese Parteien haben einen Schutzschild gegen alle Versuchungen des Untergrunds gebildet. Geht man von einer Sympathisantenzahl der sogenannten «K-Gruppen» von etwa 60000 aus, so läßt sich die historische Funktion dieser oberirdischen «Apparate» leicht bestimmen: Sie schleusten frei flottierende Untergrund-Phantasien in ihre Kühlaggregate, legten sie still und machten sie zu den sanften Energien hochsymbolischer Praktiken, wie der Besetzung des Rathauses von Bonn anläßlich des Besuchs des südvietnamesischen Staatspräsidenten Nguyen Van Thieu. (Eine Aktion, die heute noch leicht zu begründen wäre, auch weil damals zwei Genossen zur Strafe ins Gefängnis kamen.) In diesen Apparaten wurde viel Lebenszeit, Klugheit und zuweilen kriminelle Energie in schweren Stunden kleingearbeitet, so in monatelangen Vorbereitungen korrekter Koalitionen für die Durchführung der Demonstration am 1. Mai. Insofern stabilisierten sie die Republik. Wenn wir uns jetzt als Kulturwissenschaftler betätigen, liegen unter dem Pflaster die Archive. Aber liegt nicht unter den Archiven ein «realeres Sein», das seine Verbindung mit den alten Untergrund-Assoziationen nicht gekappt hat?

## VI.

Mitte der sechziger Jahre muß ein Essay von Karl Markus Michel erschienen sein, dessen Quelle die Bibliothek in Bloomington/Indiana im Augenblick nicht hergibt. Sein Titel war *Die Mulde.* Es handelte sich, wenn meine Erinnerung nicht trügt, keinesfalls um Theorie, sondern um eine lose Kette von Landschaftsbeschreibungen der Literatur, die ohne Schächte, Stollen, Keller und Höhlen auskamen. Das also gab es auch.

Niemand hätte sich vorstellen können, daß diese Studie einmal im Rückblick, nach Jahrzehnten von Tiefenbohrungen psychoanalytischer, politischer oder ökonomischer Art, wieder faszinieren könnte. Mulden sind Oberflächenerscheinungen. Man kann sie berühren und an ihnen entlangfahren. Sie gehören zur Landschaft. Sie suggerieren nicht mehr Tiefe als ihnen eigen ist. Das Muldendenken hatte in Deutschland bei den radikalen Untergrundmystikern keine Chancen. Aber sie hatten ohnehin keinen Anteil an der Herausbildung eines neuen Lebensstils, der Welthaltigkeit in der Entfremdung findet. «Der Raum der Schrift kann durchwandert, aber nicht durchstoßen werden.» Roland Barthes› Parole gilt nicht nur für Archive.

# Das Prinzip Wirklichkeit

## Ein Gespräch mit Wilhelm Hennis

*Mit Goethes Wanderer auf der Düne am Ende von Faust II teilt der politische Denker Wilhelm Hennis, Jahrgang 1923, das Erschrecken über das moderne Projektedenken. Der Wanderer verstummt, als er auf Fausts aus dem Meeresboden gestampfte Kolonie schaut. Auch die geistige Landschaft der Bundesrepublik kannte Fausts Kolonien - und kein anderer als Hennis' Kontrahent Jürgen Habermas beschrieb gleich zu Beginn seiner Marburger Antrittsvorlesung 1961 die Trockenlegung der alten ideengeschichtlichen Überlieferung und den Siegeszug der Sozialwissenschaften mit faustischen Metaphern.*

*Zur selben Zeit verpflichtete Hennis die Politikwissenschaft auf die alte, praktische Idee von Politik. Gegen das moderne Trennungsdenken hat Hennis Wissenschaft und Lebensführung noch einmal zusammengedacht. Immer wollte er nicht nur wissen, sondern auch wirken. Schon für seine Promotion über «Das Problem der Souveränität» bescheinigte ihm sein Göttinger Lehrer Rudolf Smend 1951 eine ausgesprochene «politische Reife». Nach einem kurzen Ausflug in die praktische Bonner Politik als Mitarbeiter Adolf Arndts, akademischen Lehrjahren in Frankfurt als Assistent Carlo Schmids und ersten Professuren in Hannover und Hamburg lehrte Wilhelm Hennis von 1967 an in Freiburg.*

*Anfang der achtziger Jahre setzte Hennis zur großen Neuverzauberung Max Webers an. Was die Soziologen an Weber wegrationalisiert hatten, gab er Weber zurück: die «Fragestellung» nach dem Schicksal des Menschen in der Moderne. In ihrer Rhetorik und ihrem unbedingten Getriebensein - samt Faust-Zitat im Motto - zählen Hennis' drei Bücher über Max Weber zu den aufregendsten geisteswissenschaftlichen Ereignissen der Nachkriegszeit. Anders als der Wanderer auf der Düne ist Hennis nie verstummt - sondern legt gegen die Zurückdrängung der alten Fragen und politischen Ideen leidenschaftlich Einspruch ein.*

**Bei Ideen denken wir schnell an etwas philosophisch Wolkiges, an den bestirnten Himmel oder den spekulativen Geist. Mit solchen Ideen haben Sie als praktischer Politikwissenschaftler nie besonders viel anfangen können.**

Als Student in Göttingen war ich von Herman Hellers kleiner Schrift *Die politischen Ideenkreise der Gegenwart* beeindruckt. Aber in dieser alten Form sagten sie uns alle nichts mehr. Das 19. Jahrhundert war das Jahrhundert der Ideologien - sowohl die Wiege des bürgerlichen Liberalismus, des Sozialismus, wie auch des Konservativismus, der sich als mächtige Idee auch erst in der Auseinandersetzung mit seiner Infragestellung durch die Französische Revolution formierte. Die gesellschaftlichen Grundlagen dieser Ideenkreise waren nach dem Krieg ausnahmslos weggebrochen. Sie hatten ihre Stunde gehabt. Das war ja auch der Hauptpunkt meiner Auseinandersetzung mit der Sozialdemokratie. Von Anfang an war ich äußerst skeptisch eingestellt gegenüber der Unbelehrbarkeit von Kurt Schumacher, den ich als Mitarbeiter von Adolf Arndt aus allernächster Nähe in Bonn Anfang der Fünfziger erlebt habe.

**Der Pathosverzicht Ihrer Generation entsprach ja einem bewußten Verzicht auf große aufpeitschende ideologische Ideen – auch Sie begaben sich nach dem Krieg mit einem Titel von Helmut Schelsky auf die «Suche nach Wirklichkeit».**

Die Wirklichkeit mußte ich nicht erst bei Schelsky suchen. Sie ist mir bei Max Weber begegnet, den ich schon vor dem Krieg gelesen habe. Der Satz auf Seite 170 der *Wissenschaftslehre* ist für mich immer verpflichtend gewesen. «Die Sozialwissenschaft ist eine Wirklichkeitswissenschaft. Wir wollen die uns umgebende Wirklichkeit des Lebens, in welches wir hineingestellt sind, in ihrer Eigenart verstehen - den Zusammenhang und die Kulturbedeutung ihrer einzelnen Erscheinungen in ihrer heutigen Gestaltung einerseits, die Gründe ihres geschichtlichen So-und-nicht-anders-Gewordenseins andererseits.»

**In Ihren Schriften haben Sie immer aus der «Lage» und der «Fraglichkeit der Situation» heraus gedacht. Damit verbunden war bei aller polemischen Energie ein Gestus der Sachlichkeit. Ist das**

**«Prinzip Wirklichkeit», von dem Sie gesprochen haben, auch eine Idee?**
Es ist eine Idee - wenn Sie einen «ismus» bilden möchten, ist das ein nüchterner Realismus: So sind die Dinge. Und nicht so, wie ihr sie euch wünscht oder gerade zurechtphantasiert. Dabei hat die Idee Wirklichkeit nichts mit Empirismus zu tun, mit platter Hingabe an die Wirklichkeit. Die Wirklichkeit fordert uns.

**Anders als die berühmten weltanschaulichen Ideen ist die Wirklichkeit aber nie zu einem eigenen großen Ideenkreis aufgestiegen. Mit dem Begriffsduo «Einsicht und Leidenschaft» haben Sie das enthusiastische realistische Erbe markiert, das die von Ihnen favorisierte ideengeschichtliche Linie Thukydides, Tocqueville und Max Weber miteinander verband. Wen zählen Sie neben Ihren drei Seelenhistorikern zur Idee Wirklichkeit?**
Ganz bedeutende Männer sind für mich George Kennan, der große amerikanische Diplomat, Historiker und Politikwissenschaftler - und neben ihm der Theologe Reinhold Niebuhr. Mein Studienfreund Horst Ehmke und ich lasen Niebuhr nach 1945 mit großer Leidenschaft. Seine Arbeiten wurden alle im Münchner Christian Kaiser Verlag sehr schnell veröffentlicht. *Die Kinder des Lichts und die Kinder der Finsternis* - das kannten wir auswendig. Deutschland war dagegen immer mehr das Land der Spinnereien. Ich wüßte aus der deutschen Tradition kaum jemanden zu nennen, der von der Idee Wirklichkeit her dachte. Sehr viel später vielleicht Hans Jonas. Und darum hat mich Max Weber von Anfang an so angezogen.

**Die Macht der Ideen haben Sie immer betont.**
Auch das kann man aus Max Webers Religionssoziologie lernen. Die Ideen sind von größter Bedeutsamkeit, sie wirken als «Weichensteller».

**In einem ihrer frühen Aufsätze sprechen Sie vom «massiven Fortwirken» der Ideen Rousseaus bis in das plebiszitäre demokratische Mißverständnis unserer Tage hinein.**
Ich habe Rousseau lieb gewonnen als Schriftsteller. Diesen kompletten Außenseiter, der so wunderbar schreiben konnte, habe ich

mit großem Vergnügen gelesen. Aber sein Demokratiebegriff ist mir immer als große Illusion erschienen. Dagegen wollte ich immer ein kleines Büchlein über Rousseaus Figur des Législateur schreiben. Sie wissen vielleicht, daß Rousseau eine Verfassung für Korsika geschrieben hat. Die Figur des Législateur zwingt dem Volk nicht seinen Willen auf - sondern führt es durch die zwingende Kraft seiner Idee zur Zustimmung. Die Idee der Volkssouveränität wird dadurch relativiert. Es muß Führung geben.

**Nicht nur spiegeln sich mit «Führung» und «Herrschaft» in Rousseau schon zentrale Themen Ihrer «Regierungslehre». Aus Ihrer Skizze zu dem leider ungeschriebenen Buch «Rousseau und Korsika» kann man lernen, wie Sie in Ihren ideengeschichtlichen Arbeiten selbst Witterung aufnehmen. Hat Ihre Begeisterung für Rousseau auch etwas mit Ihrem eigenen Kriegserlebnis vor Korsika zu tun?**
Ich habe vor Korsika eine ziemlich üble Erfahrung gemacht - am Abend des 9. September 1943 bin ich in einem Schlauchboot, weit vor der korsischen Küste treibend, aus dem Meer gefischt worden. Das ist mir eingebrannt. Ich habe dann nach dem Krieg Rousseau gelesen - und bin auf eine frühe deutsche Übersetzung der Korsika-Schrift James Boswells, des großen Tagebuch-Schreibers, gestoßen. Boswell läßt sich für seine Europa-Reise von Rousseau ein Empfehlungsschreiben für den Chef der korsischen Aufstandsbewegung Pasquale Paoli geben. Sie müssen in Hölderlin schauen: «Mein Paoli». Der Held des Tages! Das Korsika-Erlebnis ist für die moderne Geschichte des National- und Freiheitsgedankens von größter Bedeutung. Der Vater von Napoleon war mit Paoli befreundet und eine Art Untergeneral. Napoleon wird nach der Eroberung Korsikas durch Frankreich als Franzose geboren. Und nur als Franzose kann er die Kriegsschule besuchen und seine große politische Karriere beginnen. Daß Napoleon aber den Beinamen «der Korse» trägt - das verdankt er allein der Boswellschen Heroengeschichte. Man kann hier viel über den Zufall in der Geschichte lernen.

**Den intellektuellen Königsplatz im Denken der Deutschen besetzte seit den sechziger Jahren die Theorie. Auch wenn der Theorieglaube eine Idee ist, die Sie nicht mögen und an der Sie als «praktischer»**

**Wissenschaftler auch nicht partizipierten – wie erklären Sie sich den unheimlichen Aufstieg der Theorie-Idee?**

Er ist mir vollkommen rätselhaft. Ich war an die acht Jahre direkter Nachbar, eine Straße weit entfernt, vom *Institut für Sozialforschung* und habe genau gewußt, was in diesem Institut vorgeht. Franz Neumann und Otto Kirchheimer hatten mich 1952 in Amerika gewarnt: «Vorsicht, da steckt nichts dahinter.» Mit diebischer Freude haben Sie mich gespickt mit möglichen Schwierigkeiten für Adorno und Horkheimer. Die beiden Häupter kamen aus Amerika zurück - sehr viel Neues war ihnen nicht eingefallen. Sie versuchten, ihre Theorie unter die Leute zu bringen - konnten es aber nicht unter der alten marxistischen Flagge tun, also wurde die «Kritische Theorie» daraus. Sie kennen die Geschichte von Habermas' Rauswurf. Habermas kam an die Urtexte der Frankfurter Schule heran und war so unvorsichtig, in seiner ersten großen Rezensionsabhandlung in Gadamers *Philosophischer Rundschau* darauf anzuspielen. Mir ist schleierhaft, weshalb intelligente junge Leute wie Ivan Nagel, der ja bei Carlo Schmid im Seminar war, vollkommen rüberschwenkten zu Adorno. Ich bin ein einziges Mal in eine Vorlesung von Adorno gegangen. Das genügte mir. Jetzt habe ich mir noch einmal ein Hörbuch mit seinen Rundfunkaufnahmen besorgt. Ich wollte diese Stimme nochmals hören. Ich war und bin völlig unempfänglich für diese Sirenentöne.

**In seiner Marburger Antrittsvorlesung hat Jürgen Habermas Sie gleich am Anfang in seiner ersten Fußnote für «hoffnungslos altmodisch» erklärt – weil Sie an der alten praktischen Idee der Politik festhielten und sich nicht dem neuen theoretischen Geist der Zeit beugten.**

Die alte praktische Politik ist keine ideenlose Sache. Der Mensch ist ein handelndes Wesen, aber das Handeln wächst nicht aus Theorien heraus. Es kann durch Theorien beeinflußt werden, aber es wächst daraus nicht heraus, sondern aus der «Fraglichkeit der Situation», in der er lebt und leben muß. Das ist praktische Wissenschaft. Ich habe mit meinen Studenten gern Thomas Hobbes' *Leviathan* gelesen. Da erweckt Hobbes den Eindruck, als könnte man einen Staat so bauen, wie man ein Haus bauen kann. Er muß aber zugeben: Politik ist etwas anderes als Tennisspielen.

**In den Sechzigern, als die Theorie nicht nur in Frankfurt und West-Berlin in hoher Blüte stand, hielten Sie Vorträge über den Amtsgedanken oder die Richtlinienkompetenz und boten Seminare zur Regierungslehre an.**
Deutschland unterlag zweimal den westlichen Demokratien: nicht zuletzt wegen seiner Mängel in der Kunst des Regierens. Der Kaiser war ein Versager, die Weimarer Republik war ohne Erfahrung. - Der eigentliche Pate für meine Seminare und Themen zur Regierungslehre war Arnold Brecht, der Erfinder der Gemeinsamen Geschäftsordnung der Reichsministerien. Brecht war einer der ganz großen Beamten-Denker. Wobei interessant ist, daß die wirklich produktiven preußischen Beamten alle eine künstlerische Ader hatten. Brecht hat wunderbare Gedichte geschrieben, er war mit Jürgen Fehling in Lübeck eng befreundet. Um eine Geschäftsordnung zu schreiben, muß man kein sturer Pedant sein, sondern Phantasie entwickeln. Auch in Institutionen steckt mit Max Weber «geronnener Geist». Wie die Ökonomik - das habe ich aus Otto Brunners *Adeliges Landleben und europäischer Geist* gelernt - ist die Politik in ihrem alten praktischen Sinn nicht nur ein Fach, sondern von einer zusammenhaltenden Idee geleitet. Ich habe das politische Denken das circumspektive Denken genannt - um sich herumschauend, rückwärts und vorwärts, nach oben und unten, nach links und rechts. Alles bedenken, bitte nichts vergessen.

**Zu den herausragenden geisteswissenschaftlichen Leistungen der Bundesrepublik gehören unbestritten die Begriffslexika – Joachim Ritters *Historisches Wörterbuch der Philosophie* und die maßgeblich von Reinhart Koselleck konzipierten *Geschichtlichen Grundbegriffe.* Sie waren in die frühen Überlegungen des «Heidelberger Arbeitskreises» mit einbezogen, sollten die Grundbegriffe «Politik», «Moral» und «Öffentlichkeit» übernehmen. Ist das eine besondere bundesrepublikanische Obsession gewesen, diese Arbeit an den Begriffen?**
Man war nach dem Krieg vorsichtiger mit seinen Begriffen. Man wählte seine Worte bedachter. Es wurde nicht mehr geschossen - aber mit Worten konnte man genauso verletzen. Denken Sie an Dolf Sternbergers *Wörterbuch des Unmenschen.* Sehr früh war man sich des richtigen Sprechens bewußt. Mein erster großer Schreck

1 Wilhelm Hennis: Politikwissenschaft als Beruf, in ders.: Regieren im modernen Staat, Tübingen 1999, S. 381–415.

war die Nummer der *Frankfurter Hefte* mit Walter Dirks' Restaurations-Vorwurf. Ich erinnere mich noch genau, wie das braune Heft in meine Bonner Wohnung kam. Was für ein törichter Vorwurf! Otto Brunner ist mir immer näher gewesen als Koselleck mit seiner überkandidelten Sprache. Brunner hat gezeigt, daß man mit den modernen Begriffen die ältere Wirklichkeit nicht treffend erfassen kann. Die alten Begriffe haben Ideen eingespult - man konnte nicht über den Staat sprechen, ohne über den guten und schlechten Staat zu sprechen. Sie konnten nicht über die Monarchie denken, ohne den Despoten mitzudenken. Denken Sie an Lorenzettis Allegorie des *Buon Governo* und des *Mal Governo* im Rathaus von Siena. Wir scheinen heute vergessen zu haben, daß die Begriffe immer auch einen normativen Hauch um sich haben. Werner Conze kam 1961 nach Hannover, um mich zur Mitarbeit am Lexikon zu überreden. Ich hätte die Begriffe übernehmen können, aber ich hätte dann für fünfzehn Jahre an den Artikeln gesessen. Ich mußte doch erst einmal Vorlesungen konzipieren.

**In Ihrem Erinnerungsaufsatz[1] schreiben Sie, wie Sie auf Ihrer Amerika-Reise 1952 die großen Exilierten Leo Strauss und Erich Voegelin aufgesucht haben. Was hat Sie an Strauss gefesselt?**
Als ich Strauss in Amerika besuchte, besaß er noch nicht seinen amerikanischen Schülerkreis. Strauss drapierte sein Naturrecht auf raffinierte Weise auf die *Founding Fathers* hin. Mit dem Naturrecht, das ihm am Herzen lag, hatte das natürlich gar nichts zu tun. Das Cover der ersten Paperback-Ausgabe von *Natural Right and History* ist der größte Schwindel, den man sich vorstellen kann. Allan Bloom hat das ja wunderbar erzählt. An Strauss interessierte mich die Besessenheit des wirklichen Gelehrten. Wir saßen Mitte der Fünfziger im Café Kranzler in Frankfurt und Strauss sagte: «Ich lese die *Discorsi* jetzt zum zweiten Mal - ich glaube, ich fange an, sie zu verstehen.» Das ist mir ewig eingebrannt.

**Mit Leo Strauss teilen Sie nicht nur den Vorbehalt gegen die moderne rationale Politik – sondern auch eine besondere Form «esoterischer» Lektüre und «geheimer» Ideengeschichte. Leo Strauss hat in *Persecution and the Art of Writing* ja beschrieben, wie von Platon**

**an die großen ideengeschichtlichen Köpfe ihre wahre Gesinnung im Text zum Verschwinden bringen. Auch bei Max Weber versteckt der Geist sich oft zwischen den Zeilen – und Ihre Wiederentdeckung seiner «Fragestellung» läßt sich als echte Detektivgeschichte lesen.**
So eine Strauss-Szene habe ich erlebt, als ich in Madrid für meinen Goya-Essay[2] hinter der spanischen Übersetzung des *Gulliver* her war. Da fand ich eine Akte der Inquisition, ob das Buch denn gedruckt werden könne. So eine Rezension wünsche ich mir auch mal. Wie die gelesen haben! Am Ende war es so, wie es bei Strauss geschildert wird. Texte haben ihr Geheimnis. Man muß es in Rechnung stellen. Den Begriff «Lebensführung» für Max Weber als zentral herauszuarbeiten, das ist nur möglich, wenn Sie ganz genau lesen und vielleicht sogar laut lesen.

2 Wilhelm Hennis: Die Vernunft Goyas und das Projekt der Moderne. Ein Versuch zum Verständnis des ‹Traums der Vernunft› (Capricho 43), in: ders.: Politikwissenschaft und politisches Denken, Tübingen 2000, S. 350–368.

**Sie haben 1968 in Ihrem Essay *Die deutsche Unruhe* die «hermeneutische Leidenschaft» der Studentenrebellen kritisiert, die enthemmte romantische Pose, den unverbindlichen Griff in die alte marxistische, philosophische Ideenkiste. Wenige ideengeschichtliche Bücher nach dem Krieg scheinen aber selbst so entflammt zu sein von der «hermeneutischen Leidenschaft» wie Ihre drei Bücher über Max Weber. Muß die Verlustrechnung nicht heute anders aufgemacht werden – und ist uns mit der Zeit die «hermeneutische Leidenschaft» nicht allzu sehr verloren gegangen?**
Die hermeneutische Leidenschaft ist Deutschlands spezifischer geisteswissenschaftlicher Beitrag zum Westen gewesen. Wir haben zur Kultur etwas beizutragen - das ist die Romantik, das ist die Reformation, das ist diese Wildheit des Denkens. Die französischen Modeautoren spielen ja nur so, als würden sie wild denken.

**Gegen den antihumanistischen Trend der Sozialwissenschaften und gegen das Systemdenken haben Sie Max Weber neu in die Kulturproblematik seiner Zeit gestellt. Mit Ihrer Hinwendung zu einer charakterologischen Fragestellung verfolgten Ihre Weber-Bücher eine kulturwissenschaftliche Fragestellung – lange bevor die Kulturwissenschaft als akademische Disziplin in Deutschland groß und mächtig wurde. Wie schätzen Sie den heute grassierenden Betrieb der Kulturwissenschaften ein?**

Die geistlose Sozialwissenschaft ist abgelöst worden durch eine noch geistlosere, beliebigere, immer auf Themensuche, auf der Suche nach Drittmitteln befindliche kulturalistische Richtung. Eine Inflation von Belanglosigkeiten. Da ist leider keinerlei Begriff von anspruchsvoller Wissenschaft mehr da - sondern nur von Ansprüchen, die durch Drittmittel befriedigt werden.

**Der Skizze zu ihrem ungeschriebenen Buch über die Bundesrepublik haben Sie den an Michael Oakeshott erinnernden Titel *Zuversicht und Skepsis* gegeben. Damit stellten Sie die herrschende teleologische Erzählung der scheinbar «geglückten» Demokratie auf den Kopf. Sie haben in den fünfziger Jahren mit großer Zuversicht die Entwicklung des Landes gegen alle restaurativen Anfeindungen begleitet – und scheinen mit der Zeit immer skeptischer und pessimistischer geworden zu sein?**
Die Skepsis ist bei mir immer gleich geblieben. Die Zuversicht ist mal gesunken, mal gestiegen, gegenwärtig hat sie einen ziemlich niedrigen Pegel erreicht. Sie kennen die schöne Anekdote von Luhmann und Gehlen. Sie treffen sich zufällig im Zug, und Luhmann fragt den älteren berühmten Gelehrten: «Herr Kollege Gehlen, worüber arbeiten Sie denn gerade?» «Ich denke über unser aller Ende nach.» Ich bin ein entschiedener Gegner jeder Form der Hybris, wie sie unter anderem in der «friedlichen Nutzung» der Atomenergie steckt. Ich kann es mir schlicht nicht vorstellen, daß man ein über Jahrtausende strahlendes Material sicher «entsorgen» kann. Das ganze deutsche Denken nach 1945 zielte ja auf Entsorgung.

**Sie waren früh ein Gegner allen Projektedenkens, sie haben von Jürgen Habermas' «unvollendetem Projekt» der Moderne über die Atompolitik bis zur Drittmittelprosa an den Universitäten alle Projekte mit grimmiger Verachtung gestraft. Gegen die Projektemacherei haben Sie den alten Begriff der *Sorge* aus der ideengeschichtlichen Reserve geholt.**
Dieser Begriff der Sorge - ohne allen Heidegger - ist für mich ein zentraler Begriff der Politik geblieben. Es gibt wenige literarische Dokumente, die mich so bewegten und die ich immer wieder lesen kann, wie den Auftritt der «Sorge» am Ende von *Faust:* «Hast

Du die Sorge nie gekannt?» Die *cura* steht im Mittelpunkt meines wissenschaftlichen und vielleicht auch meines praktischen Denkens. Mein Vater kommt aus einer Gärtnerfamilie. Da muß man sich um die Pflanzen sorgen: Sind sie auch schattiert, bekommen Sie genug Sonne? Ich bin nicht gerne unvorsichtig. Ich habe hier dieses wunderbare, tief bewegende Buch von Erhart Kästner.[3] «Wer die Zukunft bedenkt, ist nicht glücklich. Aber sorgend die Zukunft bedenken ist menschlich. ... Erst durch den Blick auf das Ungewisse, die ängstliche Sorge, die Vorausschau, die Hoffnung an der Schwelle zur Sorge, die Angst vor der Zukunft, erst da beginnt, was den Menschen auszeichnet. Ohne Bedenken der Zukunft, das ist der Hund in der Sonne.» Ich finde das großartig: der Hund in der Sonne, als Ideal des zukünftigen Menschen.

**Was ist von dem kulturkritischen Impuls geblieben, der das deutsche ideengeschichtliche Denken lange Zeit befeuert hat?**
Wenn wir inhaltlich ein westliches Land nach Normalmaß geworden sein sollten, so ja deshalb, weil uns der kulturkritische Geist dieses Widerspruchs erfolgreich ausgetrieben worden ist. Der Impuls ist aufgesogen worden vom Konsumismus des Genußmenschen. Die Kulturproblematik, aus der ein Max Weber noch ganz selbstverständlich sprach, wird heute gar nicht mehr empfunden. Was könnte Deutschland bedeuten, wenn es sich auf seine kulturelle Tradition besinnen würde. Wo ist heute ein Ernst Robert Curtius mit seiner Autorität? Das Interesse für Goethe ist in englischen Zeitschriften größer als in deutschen Zeitschriften. Für mich ist unvorstellbar, wie man die deutsche Sprache so verraten konnte. Die Größe der deutschen Seele, ihrer Innigkeit, Versponnenheit und Verstiegenheit, auch gerade in Ihrer Problematik - was ist davon übrig geblieben? Dabei interessiert sich das Ausland doch nur für das von uns verschmähte Deutschland - das Deutschland der Ideen.

**Das Gespräch führte Stephan Schlak.**

Ulrich Raulff

# Der Patient der Weltgeschichte

## Anmerkungen zu einem Wort Aby Warburgs

1 Gertrud Bing: Aby M. Warburg, in: Aby M. Warburg. Ausgewählte Schriften und Würdigungen, hg. von Dieter Wuttke, Baden-Baden 1980, S. 455–464, hier S. 464.

Eines der denkwürdigsten Worte, die Aby Warburg zugeschrieben werden, hat seine langjährige Mitarbeiterin Gertrud Bing überliefert. «Er hatte», so sagte sie am Ende eines Vortrags, den sie vor bald fünfzig Jahren in Hamburg gehalten hat, «seine eigene Antwort auf die Frage, wodurch sich die Juden von ihren Gastvölkern unterscheiden: ‹Wir sind zweitausend Jahre länger Patienten der Weltgeschichte gewesen.› Mehr war nicht daran; aber wer Warburgs Diktion kennt, für den ist es nicht schwer, in dieser Formulierung den sprachlichen Zusammenhang zwischen ‹Patient› und ‹Passion› herauszuhören: Amor fati.»[1]

Durch das prägnante Wort vom Patienten der Weltgeschichte meint man Warburg selbst wie durch ein buntes Glas zu erblicken. Im vielfarbigen Licht möglicher Deutungen erblicken wir das Bildnis des Historikers als kranker Mann und exemplarisch Leidender. Wie selbstverständlich gehört zu den denkbaren Auslegungen dieses Satzes auch eine biografische Lesart, die an Warburgs eigene, persönliche Leidensgeschichte rührt. Dieser autobiografische Sinn der Worte soll auf den folgenden Seiten nicht ausgespart bleiben. Wohl aber wird jedes Urteil über den Gesundheitszustand des empirischen Menschen in der Schwebe gehalten: Es bleibe den Experten, den Seelenärzten und den rührigen Biografen, überlassen, Aby Warburg als «Fall» zu beschreiben und zu diagnostizieren. Krankengeschichte in diesem naiven Sinn kann nicht unser Thema sein, wohl aber Krankheit als Metapher und Leidensgeschichte als Idee.

Was für auratische Phänomene zutrifft, gilt auch für Warburgs Wort: Je näher man es anschaut, umso ferner blickt es zurück. Weshalb spricht Warburg, wenn er den Unterschied zwischen Juden und «Gastvölkern» bezeichnen will, von *Patienten*? Warum spricht er nicht, um eine andere, nahe liegende Möglichkeit anzudeuten, vom Volk des Buches? Oder, wie es Ravelstein, der Protagonist von Saul Bellow, tut, vom Volk der Lehrer? «Wir sind», sagt Ravelstein, bekanntlich eine literarische *persona* von Allan Bloom, «ein Volk von Lehrern. Seit Jahrtausenden haben die Juden unterrichtet und sind unterrichtet worden. Ohne Unterricht ist die Judenheit undenkbar.»[2] Auch dies wäre eine plausible Selbstbeschreibung. Aber nein, Warburg spricht von Patienten, von Leidenden. Es ist ihr Leiden in oder an der Weltgeschichte, das die Juden auszeichnet und unterscheidet.

2 Zit. nach George Steiner: Der Meister und seine Schüler, München 2004, S. 164.

Auf den zweiten Blick erscheint Warburgs Wort wie eine Umkehrung der Lehre vom auserwählten Volk: Wer so lange und exemplarisch leidet, mit dem muß Gott schon etwas Besonderes vorgehabt haben. Und wer noch Gertrud Bings Hinweis auf die wort- und sprachgeschichtliche Verbindung von Patient, Passion und Pathos im Ohr hat, der begreift leicht, daß der Satz von den Juden, die zweitausend Jahre länger Patienten der Weltgeschichte gewesen seien, seinen spezifisch warburgschen Sinn hat: Er ist *die* Pathosformel par excellence. Zweitausend Jahre länger, also insgesamt viertausend Jahre Patienten der Weltgeschichte gewesen zu sein, ist schlichtweg nicht zu übertreffen. Viertausend Jahre Geschichte als Leidensgeschichte - das ist eine Formel, in der jüdischer Witz, prophetische Klagerede und weltgeschichtliches Ancienitätsbewußtsein eine unüberbietbare Verbindung eingegangen sind. Viertausend Jahre Leidensgeschichte - was könnte schärfer differenzieren, was rückhaltloser singularisieren? In diesem Licht erscheint Jude-Sein tatsächlich als eine Pathosformel, und zwar als die älteste und in ihrer Schlichtheit erhabenste Formel, die sich denken läßt, die *Urformel,* wenn man so will.

In seinem Leben als «Hamburger von Geburt, Hebräer von Geblüt und Florentiner nach dem Herzen» hat Aby Warburg seine Erfahrungen damit gemacht, was es heißt, an der Geschichte zu leiden. Ohne Übertreibung kann man sagen, daß hinter Warburgs

Zusammenbruch am Ende des Ersten Weltkriegs eine Form von «folie historique» steht – der Zusammenbruch einer komplexen, stets prekären Identität unter dem übermächtigen Druck der Geschichte. Einer Geschichte, die er als engagierter Zeitgenosse, Chronist und Deuter erlebt und erlitten hatte. Warburg, der von sich gesagt hat, er sei erst im Weltkrieg zum «Politiker» geworden, hat diesen Krieg in typischer Weise zu seiner eigenen Sache gemacht.

Darin unterschied er sich zunächst nicht von vielen anderen national empfindenden Gelehrten. Bei aller Skepsis gegenüber der Politik des Reiches – «Wir siegen uns zu Tode» war eines seiner Worte – und aller Distanz zum «zoologischen Nationalismus» (Max Weber) der Zeitgenossen hoffte Warburg doch zuinnerst auf den Sieg seines Vaterlandes. Dem Milieu nach Hamburger «Kaiserjude», wie sein Bruder Max und wie dessen Freund Albert Ballin, konnte Aby Warburg schwerlich anders. Im wohlverstandenen Interesse seines Vaterlandes lag auch sein 1914/15 unternommener Versuch, mit zeitgemäßen Mitteln medialer Aufklärung, nämlich mit einer illustrierten Zeitschrift, Italien vom Eintritt in den Krieg abzuhalten. Aber welchem Interesse diente der gewaltige Zeitungsausschneidedienst, den er in seiner Bibliothek, gestützt auf Mitarbeiter und Familie, einrichtete und jahrelang betrieb? Ging es auch da noch um das Vaterland? Oder ging es schon, wie in seinem Dürer-Aufsatz, gegen die Lügen im Kriege, das falsche Bewußtsein, den Aberglauben, das Irrationale – Mächte, die nicht nur sein Vaterland, sondern die halbe Welt ins Verderben zu stürzen drohten? Warburg hatte seine Bibliothek auf Kriegsproduktion umgerüstet und produzierte Gegenwahrheit. Mitten im Weltkrieg führte er den Krieg eines einsamen Mannes um die bedrohte Vernunft.

Aber Warburg und das Reich verloren ihre Kriege. Der Kaiser ging ins Exil, und Warburg verlor den Verstand. Gleichzeitig mit dem Zusammenbruch der Monarchie tauchte erneut das ewig ambivalente, mal offensiv artikulierte, dann wieder verdrängte Problem von Warburgs Judentum auf. Der Kaiserjude ohne Kaiser stand auf einmal nur noch als Jude da und sah sich von rechts und links – von rechts als «Finanzjude», von links als «Finanzkapitalist» – diffamiert und bedroht. Wieder einmal fand sich Warburg, wie er 1917 rückblickend auf seine Studienjahre in Straßburg und Bonn formuliert hatte, als Jude im «erbitterten Zweifrontenkrieg»[3]. Aber anders als damals vermochte er diesmal nicht standzuhalten und kollabierte. Mühsam konnte man ihn daran hindern, Gewalt gegen sich selbst oder gegen andere zu richten.

Das Wort vom «Zweifrontenkrieg» zeigt anschaulich den Zwiespalt, in dem Warburg sich zeitlebens befand. Auf der einen Seite stand die Realität eines latent präsenten, gelegentlich auch manifesten Antisemitismus sowohl im Kaiserreich wie in der Weimarer Republik. Warburg sammelte Nachrichten über Pogrome in Rußland, verzettelte die «jüdische Frage», erlebte seine unausgesprochene, aber spürbare Zweitrangigkeit im akademischen Milieu. Er warnte seinen Bruder vor dem Eintritt in die Politik, erlebte die Ermordungen erst Erzbergers, dann Rathenaus wie ein Prophet das Eintreffen des befürchteten Gerichts. Den Herausgeber des antisemitischen «Hammer», Theodor Fritsch, bekämpfte er mit juristischen Mitteln; die historische Realität des Antisemitismus – den Vorwurf der Hostienschändung – verfolgte er bis hinein in den Tafelatlas «Mnemosyne». Die Studie von Charlotte Schoell-Glass liefert uns hier so etwas wie einen roten Faden, der sich durch Warburgs Leben und teilweise auch sein Werk zieht; inwiefern er auch die Genese dieses Werks zu verstehen erlaubt, ist freilich eine andere Frage.

Weniger augenfällig ist demgegenüber die andere «Front», an der Warburg sich zeitlebens abkämpfte: die Auseinandersetzung mit der Orthodoxie, mit familiären Erwartungen, mit eigenen Projektionen in die Umwelt und retour. Da ist der junge Mann, der älteste Sohn einer jüdischen Familie, weitgehend assimiliert, aber das Gesetz befolgend – und dieser junge Mann bricht, kaum daß er dem elterlichen Haus entronnen ist, als Student offen mit dem Ritual, mit den Speisegeboten, später weigert er sich, im schweren inneren und äußeren Konflikt, am Grab des Vaters Kaddisch zu sagen. Unter den vielen unveröffentlichten Papieren Warburgs gibt es eines, das den Vermerk «Konitz» (der Ort eines angeblichen Ritualmords in Westpreußen) trägt und auf 1900 datiert ist. Es enthält den fragmentarischen Versuch zu einem «Psychologischen Querschnitt der deutschen Juden». Darin kommt auch autobiogra-

3 Im Brief an die Witwe eines Studienfreundes, Lore Strack, zit. nach Charlotte Schoell-Glass: Aby Warburg und der Antisemitismus. Kulturwissenschaft als Geistespolitik, Frankfurt am Main 1998, S. 189.

4 Zit. nach Schoell-Glass: Antisemitismus, S. 96.

5 Vgl. das Zeugnis von Carl Georg Heise: Persönliche Erinnerungen an Aby Warburg, New York 1947.

fische Erfahrung zur Sprache, so wenn Warburg schreibt: «... ich bin nun noch in dieser Orthodoxie erzogen bis zu meinem 15ten Jahre ein gläubiger Anhänger derselben gewesen, habe mich dann unter schweren inneren und äußeren Kämpfen losgemacht um mich als Privatgelehrter ... der (modernen) Wissenschaft gewidmet ... [sic]».[4] Unter den Kämpfen an dieser zweiten, «inneren Front» hat Aby Warburg vermutlich noch mehr gelitten als unter denjenigen an der äußeren des Antisemitismus, und es gibt Hinweise darauf, daß sie auch beim Ausbruch seiner Psychose Ende 1918 eine Rolle gespielt haben.[5]

Nein, es gibt keinen Zweifel daran, daß in Warburgs Wort vom jüdischen Patienten der Weltgeschichte auch diese eigene Doppelerfahrung vom Leiden an der Geschichte und an der historischen Situation des Judentums Eingang gefunden hat. Daß ausgerechnet er es war, Aby Warburg, der als einziger aus seiner Familie dem Israelitischen Krankenhaus in Hamburg die traditionelle Spende entzog, ist nur ein kleines ironisches Gegenmotiv zu dieser durchgehenden Strophe.

Der Patient der Weltgeschichte: Es ließe sich eine zweite Deutung versuchen, an die Warburg in dem Augenblick, als er sein Bonmot formulierte, nicht gedacht haben mag und die doch legitim erscheint. Sie verweist auf eine Tradition in der Auslegung von Geschichte – gleichzeitig als Lesart und als Erlebensweise –, an der Warburg nicht nur partizipiert, sondern die in seinem Leben und Werk geradezu kulminiert. Es ist, um es mit einem Wort zu sagen, die Tradition der *Geschichte im Passiv*. Warburg gehört zu den geistigen Enkeln Schopenhauers und Söhnen Burckhardts und Nietzsches, welche die Geschichte statt im Modus des Handelns in dem des Leidens begriffen haben. In einem Punkt allerdings unterscheidet sich Warburg von den meisten Pathographen des 19. Jahrhunderts. Er hat den Weg des Leidens auch als Subjekt der Erkenntnis beschritten (und weiter gebahnt). Unter den nicht wenigen Nietzscheanern an der Wende zum 20. Jahrhundert ist vielleicht Warburg der einzige, der die historische Erkenntnis konsequent und bilateral ins Passiv gesetzt hat, indem er die «Rezeption» historischer Werke und Überreste nicht nur als kognitiven, sondern ebenso sehr als sensiblen, «pathischen» Prozeß begriffen hat.

Warburg entspricht dem Typ Mensch, den Nietzsche in der *Fröhlichen Wissenschaft* beschrieben hat - ein Typ, der «die Geschichte der Menschen insgesammt als *eigene Geschichte* zu fühlen weiss ..., der Mensch eines Horizontes von Jahrtausenden vor sich und *hinter* sich ...»[6]. Auch wenn man einschränkend bemerken muß, daß Warburg diesen Horizont eher hinter sich als vor sich sah - gesehen hat er ihn doch und als leidensgeschichtlichen Horizont erfahren. Hiervon ausgehend entwickelte und praktizierte er eine historische Ästhetik, deren Hauptsatz lautete, daß fremdes Leiden - oder vielmehr der Ausdruck fremden Leidens - uns affizieren kann und daß wir dieses Leiden - respektive seinen Ausdruck - *nach*fühlen und *mit*leiden können. Das ist gemeint, wenn man sagt, Warburg habe die Geschichte konsequent ins Passiv gesetzt: Er hat die Geschichte nicht nur in ihrer Geschehens-, sondern auch in ihrer Erkennensdimension passivisch und pathisch aufgefaßt. Und mit der Konzeption der *Pathos-Formel* hat er eine Theoriefigur eingeführt, der es aufgegeben war, die Transferleistung hin zum Rezipienten zu erklären.

Zu den spezifisch modernen Formen der Hybris gehört die Vorstellung, die Menschen machten ihre Geschichte selbst, sie machten sie als Planer und als Vollstrecker. Reinhart Koselleck hat gezeigt, daß dieser Verfügbarkeitsgedanke, der meist auf Vico zurückgeführt wird, erst seit dem Ausgang des 18. Jahrhunderts allgemein denkbar geworden ist. Seither erst existiert die Geschichte als Kollektivsingular und beschreibt einen einheitlichen Raum sowohl der Erfahrung als auch der Erwartung.[7] In diesem Sinne konnte Schelling 1798 sagen, der Mensch habe Geschichte, «weil er seine Geschichte nicht mit- sondern selbst erst hervorbringt».[8]

So wie wir dazu neigen, die Vorstellung vom Menschen als Macher seiner eigenen Geschichte mit Vico, also im frühen 18. Jahrhundert, anzusetzen, so datieren wir das Brüchigwerden dieser Vorstellung üblicherweise um die Mitte des 19., mit Marx. Sein Wort - von den Menschen, die ihre eigene Geschichte machen, ohne daß sie dies aus freien Stücken tun - im Ohr, hält man den Verfasser des *Achtzehnten Brumaire des Louis Bonaparte* für den Entdecker der Unverfügbarkeit der Voraussetzungen der Menschen-

6 Friedrich Nietzsche: Kritische Studienausgabe (KSA), München 1980, Bd. 3, S. 565 (Nr. 337).

7 Vgl. Reinhart Koselleck: Über die Verfügbarkeit der Geschichte, in: ders.: Vergangene Zukunft. Zur historischen Semantik geschichtlicher Zeiten, Frankfurt am Main 1979, S. 260-277.

8 F. W. G. Schelling: Allgemeine Übersicht der neuesten philosophischen Literatur, zit. nach Koselleck: Über die Verfügbarkeit, S. 265.

9 Vgl. Koselleck: Über die Verfügbarkeit, S. 271 ff.

10 Michel Foucault: Die Ordnung der Dinge, Frankfurt am Main 1971, S. 441.

geschichte, und dies tut auch Reinhart Koselleck.[9] Vielleicht sollte man an diesem Punkt aber einer weniger autorzentrierten Ideengeschichte folgen.

Zu den frustrierenden Entdeckungen des modernen Menschen gehört die Tatsache, daß es so etwas gibt wie «durchgreifende Mächte» - in dem Sinn, daß sie durch die Geschichte hindurchgreifend das Handeln der Menschen bestimmen. In seiner Archäologie der Humanwissenschaften hat Michel Foucault gezeigt, daß nicht der Mensch es ist, der seit dem Ausgang des 18. Jahrhunderts den Dingen ihre historische Bedeutung zuteilt, sondern daß umgekehrt der Mensch als arbeitendes, lebendes und sprechendes Wesen sich großen Positivitäten ausgesetzt sieht - Reichtümer, Leben und Sprache -, die historisch «älter» sind als er: «Der Mensch hat keine Geschichte mehr oder vielmehr: da er spricht, arbeitet und lebt, findet er sich in seinem eigentlichen Sein völlig mit Geschichten verflochten, die ihm weder völlig homogen noch untergeordnet sind.»[10]

Die Romantik hat auf diese Entdeckung zunächst mit einer lyrischen Verklärung der Geschichte und dann, zunehmend, mit einem unersättlichen Konsum imaginärer Vergangenheiten geantwortet. In Wahrheit freilich hat die Romantik immer an der Geschichte gelitten. Empfand sie in ihrer Frühzeit ein Defizit, so verspürte sie nachmals einen Überdruß an Geschichte. Die späte Romantik hat den Menschen nicht mehr zum *faber* und *artifex* der Geschichte ermächtigt, sondern ihm die Geschichte als Leidenspensum auferlegt und zugleich als Heilmittel seiner kranken Seele verordnet.

Unter den bis heute gelesenen Historikern sind es vornehmlich Jacob Burckhardt und Jules Michelet gewesen, die die Geschichte ins Passiv gesetzt haben - in eine Form, in der sie weniger von Menschen gemacht, als vielmehr von ihnen erlitten wird. Unter dem Eindruck seiner Schopenhauer-Lektüre und der politischen Zeitumstände erhebt Burckhardt in seinen Vorlesungen über «Griechische Kulturgeschichte» (seit 1872) das Leiden zur kulturgeschichtlichen Zentralkategorie. Kein Volk, so scheint ihm, ist unglücklicher gewesen, kein Volk hat mehr gelitten als die Griechen. Als Eingangswort über sein Polis-Kapitel setzt er ein Wort Dantes aus dem dritten Gesang des Inferno, «Per me si va nella città dolente». «Es ist», so schreibt er von dem Staatswesen der Griechen, «eine in der ganzen übrigen Geschichte kaum wieder vorgekommene Häufung von bittern Schmerzen in dieser griechischen Polis ...»[11]

Der hier angeschlagene Ton einer Kranken-Geschichte (im buchstäblichen Sinn) zieht sich durch die gesamte Darstellung der Polis hindurch und mündet in die Feststellung, «daß in der ganzen Weltgeschichte kaum eine andere Potenz ihr Leben und Streben so furchtbar teuer bezahlt haben möchte, als die griechische Polis».[12] Dennoch attestiert Burckhardt derselben Polis einen ungeheuren «Lebenswillen» - «Griechenstädte starben furchtbar schwer», lesen wir.[13] Und von Alkibiades schreibt er, in ihm komme «das ganze innere Fieber dieses ... Volksorganismus zum Ausbruch, *pathologisch* eins der merkwürdigsten Schauspiele der ganzen Weltgeschichte».[14]

Ganz anders Jules Michelet: Hier ist es der Historiker, der gleichsam christologisch an der Geschichte leidet und stirbt. «Michelet», schreibt Roland Barthes, «bedeckt sich mit den fürchterlichsten historischen Leiden, er nimmt sie auf sich, er stirbt an der Geschichte wie man - oder vielmehr wie man nicht - aus Liebe stirbt. ‹Ich habe zuviel schwarzes Blut der Toten getrunken›, das bedeutet, daß Michelet bei jeder Migräne in sich den Tod der Gottheit Volk, der Gottheit Geschichte erneuert.»[15] Während Jacob Burckhardt das Leiden in der Geschichte als deren verborgene Triebkraft entdeckt, spürt Jules Michelet an und in seinem Körper alle Schmerzen, alle Leiden und Leidenschaften der Geschichte nach. Das geheime «Ziel» seiner empfindsamen Geschichte ist die Annäherung an den Tod: Der Historiker wird seiner Berufung umso mehr gerecht, je näher er den Toten kommt; der Historiker, schreibt Barthes, «muß den Tod leben, das heißt er muß ihn lieben. Um diesen Preis kann er, da er mit den Toten in eine Art Urgemeinschaft getreten ist, die Zeichen des Lebens mit ihnen austauschen.»[16] Über die gewöhnliche Sympathetik einer «Einfühlung» im Sinne des Historismus geht diese Infektion durch die Geschichte weit hinaus; sie folgt einem Modell der Übertragung vom Korpus der Geschichte auf den Körper des Historikers: Die Geschichte realisiert sich als Ansteckung, als Fieber und Krise des Lebens.

11 Jacob Burckhardt: Griechische Kulturgeschichte, Band 1, München 1977, S. 63.

12 Ebd., S. 269.

13 Ebd., S. 260.

14 Ebd., S. 211 (Kursivierung von mir, U.R.).

15 Roland Barthes: Michelet, Frankfurt am Main 1980, S. 45.

16 Ebd., S. 107.

Übergangen sei an dieser Stelle der Autor, in dem sich all diese romantischen und tragisch-pessimistischen Motive wie unter einem Brennglas bündeln, übergangen seien die Frühschriften Friedrich Nietzsches, die, in enger Verbindung mit Jacob Burckhardt entstanden, der Pathologisierung der Geschichte ihren bündigsten Ausdruck verliehen haben. Stattdessen sei, wenn auch nur en passant, an ein anderes Konzept erinnert, das ebenfalls eine Radikalisierung der historistischen Einfühlung darstellt und an die Pathologisierung der Geschichte anschließt. Es handelt sich um die Figur des «Histrionen» - ein artistisches Konzept, das gegen Ende des 19. Jahrhunderts auftaucht und ebenfalls eine radikal ins Passiv versetzte Historie beschreibt. An diesem Punkt kommt nun Nietzsche doch noch ins Spiel.

Zu den letzten Botschaften des Zusammenbrechenden gehört der Brief an Jacob Burckhardt vom 5. oder 6. Januar 1889, in dem Nietzsche in einem Wirbel von Namen der Geschichte untertaucht: «Ich bin Prado, ich bin auch der Vater Prado, ich wage zu sagen, dass ich auch Lesseps bin ... Ich bin auch Chambige - auch ein anständiger Verbrecher ... Was unangenehm ist und meiner Bescheidenheit zusetzt, ist, dass im Grund jeder Name in der Geschichte ich bin ...» Es folgen Sätze, aus denen hervorgeht, daß der Autor sich abwechselnd für Gott hält, für eine Art allmächtigen Urheber der Geschichte, und dann wieder, einige Sätze weiter oder einige «Wahnsinnszettel» früher, für eine Vielzahl historischer, mythologischer oder literarischer Gestalten.

Aber dieses Poröswerden des Subjekts für Namen und Zustände der Geschichte muß sich nicht erst im Augenblick seines Sturzes einstellen. Als ekstatische Empfindung maximaler Passivität und Transgressivität kann der Zustand des Histrionismus auch zum Ausdruck und Abbild des kreativen Zustands werden. In diesem Sinn schreibt der Georgeaner Friedrich Gundolf 1905 an Karl und Hanna Wolfskehl, es gehe «die Geschichte des Weltgeistes stumm und unmerkbar ihren schöpferischen Gang durch unsere eigenen Seelen durch»[17] - und in Nietzsche, den ja «die ganze Menschengeschichte durchwandelte»[18], erkennt er den Bruder im Geist. Gewiß, hier treibt einer Artistenmetaphysik. So wie sie auch Ezra Pounds Gedicht «Histrion» zugrunde liegt, in dem der

17 Brief vom 10.1.1905, in: Karl und Hanna Wolfskehl, Briefwechsel mit Friedrich Gundolf 1899-1931. Hg. von Karlhans Kluncker, 2 Bde., Amsterdam 1977, Bd. 2, S. 6.

18 Friedrich Gundolf: Caesar im neunzehnten Jahrhundert, Berlin 1926, S. 356.

Dichter sich nur als Augenblick erlebt, als ein leeres Gefäß, durch das vergangene Zeiten und mit ihnen «die Seelen aller Großen» ziehen.

Unbemerkt sind wir hier von der Linie der Pathographie der Geschichte, die eine moderne Vorstellung ist, in die Bahn der wesentlich älteren, der Antike entstammenden Inspirationstheorie eingebogen – auch wenn es jetzt nicht mehr ein göttlicher Genius ist, der das Subjekt durchzieht, sondern die Intensität der Geschichte. Wie die Beispiele Gundolf und Pound zeigen, hat die Lehre von der poetischen Inspiration das zwanzigste Jahrhundert ziemlich unbeschadet erreicht. Auch Max Kommerell läßt sie anklingen, wenn er von Jean Paul sagt, es hätten manche seiner Figuren «in besondern Augenblicken ein Beben, weil das All durch ihre Seelen gegangen ist»[19]. Und sicherlich finden sich auch moderne Autoren, Gottfried Benn wäre ein Beispiel, in denen sich beide Linien, Pathographie und Inspiration, zuinnigst durchdringen. Aber das ist eine andere Geschichte.

Einen Nachklang der romantischen Erfahrung von der erlittenen Geschichte, wie immer szientifisch aufgefangen und methodisch austariert, meinen wir auch bei Warburg zu vernehmen. Gewiß liegt bei ihm die pathologische Auffassung der Geschichte im Streit mit anderen, konkurrierenden Vorstellungen, nicht zuletzt mit der Idee von der Geschichte als Streit- und Konfliktzone. Aber am Ursprung der Geschichte, wie sie Warburg vor Augen steht, muß sich so etwas wie eine «ursprüngliche Akkumulation» des Leidens ereignet haben. In der Morgenröte der Menschheit wurde deren erster «Leidschatz» aufgehäuft, und in diesen Fonds sollten alle späteren Generationen einzahlen.

Auch der Historiker, wie Warburg ihn sieht, entrichtet für seine Erkenntnis einen Leidenspreis. Das Doppelporträt von Jacob Burckhardt und Friedrich Nietzsche, das er in seiner ersten Hamburger Lehrveranstaltung nach der Rückkehr aus der Nervenheilanstalt zeichnet, kontrastiert zwei Typen des historischen «Sehertums» – die Warburg nicht als historisch überholte Form der Erkenntnis, sondern als überzeitlich gültigen Geistestyp begreift. Für ihn verkörpern Burckhardt und Nietzsche nicht zwei individuelle Lebens- und Leidensgeschichten, sondern zwei typische, gerade in ihrem

19 Max Kommerell: Jean Paul, 5. Aufl. Frankfurt am Main 1977, S. 77.

Gegensatz typische Ausprägungen historischer Erkenntnis, freilich mit divinatorischen Zügen. Burckhardts «Art des Sehertums ist Lynkeus», so Warburg, während Nietzsche «der Typus eines Nabi [ist], der auf die Straße läuft, sich die Kleider zerreißt, Wehe schreit ...»[20]. Die Frage, die sich für beide Sehertypen stellt, den apollinisch Sublimierenden und den dionysisch Rasenden, ist, so wieder Warburg, «ob der Sehertypus die Erschütterungen seines Berufes aushalten kann».[21] Dem Bild Warburgs von einer Menschheit, die von einem urzeitlichen Leidschatz zehrt (den sie zugleich beständig vermehrt), entspricht seine Auffassung vom Historiker: ein Mensch, der immer an äußersten Rändern geht, ein Mensch in der Permanenz der Krise, zu der ihn sein Beruf verurteilt.[22] Pathologie ist nicht ein Unfall seiner Erkenntnis, sondern deren gleichsam natürliche Voraussetzung.

«Wir sind zweitausend Jahre länger Patienten der Weltgeschichte gewesen»: Unsicheren und schwankenden Boden betritt, wer herauszufinden sucht, was wohl für Warburg in jenen «zweitausend Jahren länger» gesteckt hat; wer also nicht nach Warburgs Sicht auf die Gegenwart fragt, sondern nach seinem Blick auf die Geschichte oder, wenn man will, auf das historische Wesen des Judentums. Anders als Freud hat uns Aby Warburg keinen «Mann Moses» hinterlassen. Wie so oft, gibt es bei ihm nur Details und spärliche Hinweise, die einen eher in den Nebel hinein- als aus ihm herausführen. Und je tiefer man in den Nebel hineinschaut, umso boshafter grinst die Fratze der Überinterpretation zurück.

Von vereinzelten Briefen abgesehen, hat Warburg eigentlich nur an einer Stelle seines Werks die bewußten zweitausend Jahre vor Christus, die Geschichte der Juden seit Abraham, zur Sprache gebracht: in seinem Kreuzlinger Vortrag über das Schlangenritual der Pueblo-Indianer. Immerhin geht Warburg in der religionshistorischen Skizze, die diesen Vortrag gewissermaßen «vertieft», zurück bis auf den Moses der «ehernen Schlange». Von ihm lesen wir, so Warburg, «im 4. Buch Moses ..., daß Moses die Israeliten in der Wüste befohlen hatte, zur Heilung vom Schlangenbiß eine eherne Schlange zur Verehrung zu errichten».[23] Der nächste Satz macht klar, was an dieser Geschichte so interessant ist: «Hier stehen wir vor einem überlebenden Stück Götzendienst im Alten

20 Aby Warburg, Burckhardt-Übungen, zit. nach Ernst H. Gombrich: Aby Warburg. Eine intellektuelle Biographie, Frankfurt am Main 1981, S. 345.

21 Ebd.

22 Vgl. Cornelia Zumbusch: Wissenschaft in Bildern. Symbol und dialektisches Bild in Aby Warburgs Mnemosyne-Atlas und Walter Benjamins Passagen-Werk, Berlin 2004, S. 118: «Der ‹mitschwingende› Historiker erleidet Geschichte, als erlebte er sie erinnernd selbst.»

23 Aby Warburg: Schlangenritual. Ein Reisebericht, hg. von Ulrich Raulff, Berlin 1988, S. 50.

Testament.»[24] In der Geschichte von der ehernen Schlange wird noch einmal Moses, der überlegene Magier, sichtbar, der wie sein Bruder Aaron seinen Stab in eine Schlange verwandeln und die Schlange wieder in einen Stab zurückverwandeln kann, Moses, der souverän über den Zauber des «Götzentums» und der heidnischen Naturreligion verfügt. Die eherne Schlange erscheint so als das verdrängende Symbol eines Verdrängten – eine Erinnerung an das durch den Monotheismus Verdrängte.

«Allerdings», fährt der Philologe Warburg fort, «wissen wir, daß dies nur eine eingeschobene Stelle sein kann, die die Existenz eines solchen Idols in Jerusalem rückwärts bildend erklären wollte. Denn die Hauptsache bleibt, daß ein ehernes Schlangenidol von König Hiskias unter dem Einfluss des Propheten Jesaja zerstört worden ist. Der Menschen opfernde und Tiere verehrende Götzendienst war ja die feindliche Macht, gegen die die Propheten am erbittertsten kämpften ... Daß die Aufrichtung der Schlange im schroffsten Widerspruch zu den zehn Geboten steht, ist klar, im schärfsten Gegensatz zu der Bilderfeindlichkeit, die das Wesen der reformierenden Propheten ausmacht.»[25]

Schon vorher hatte Warburg keinen Zweifel daran gelassen, daß seine religionshistorische Skizze einem Fortschrittspfeil folgte. Dieser Pfeil wies in Richtung der Aufhebung des Opfers. «Die Erlösung vom blutigen Opfer durchzieht als innerstes Reinigungsideal die religiöse Entwicklungsgeschichte vom Orient zum Okzident. Die Schlange macht diesen Sublimierungsprozeß in der Religion mit. Das Verhältnis zu ihr kann als Gradmesser des vom Fetischismus zur reinen Erlösungsreligion sich wandelnden Glaubens angesehen werden.»[26] Tatsächlich hielt Warburg den von den Propheten in Gang gesetzten Vergeistigungsprozeß für eine historische Errungenschaft, die er vehement gegen andersläufige Tendenzen verteidigte[27] – so etwa gegen die Bestrebungen orthodoxer Siedler in Palästina, die den Tempel und die Altäre des Brandopfers wiedererrichten wollten. «Durch die Zerstörung des Schlachtaltares von Jerusalem», schrieb er in einem Brief aus seinen letzten Lebensmonaten, «ist das Judentum letzten Endes zur monotheistischen Vergeistigung gezwungen worden, was man keinem Ghetto-Juden klarmachen kann, der etwa glaubt, daß der

24 Ebd.

25 Ebd., S. 50 f.

26 Ebd., S. 44.

27 Warburg schließt hierin offenbar an Hermann Cohen an, dessen Werke, vor allem *Die Ethik des reinen Willens* (Berlin, zweite Auflage 1907) und *Die Religion der Vernunft aus den Quellen des Judentums* (Leipzig 1919), er gründlich gelesen hatte (laut. mündl. Mitteilung von Thomas Meyer am 27. 9. 04).

Messias erst kommt, wenn es auf den Altären von Jerusalem wieder von verbranntem Fleisch raucht.»[28]

Man könnte auf die Idee kommen, daß Warburg im Symbol der Schlange eine Figur gefunden hat, mit deren Hilfe ihm eine subtile Übung in dialektischem Seitenwechsel gelingt: als aufgeklärter Jude muß er Moses und die Propheten dafür preisen, daß sie einen welthistorisch einzigartigen Vergeistigungsprozeß ausgelöst haben, für den der Preis des Bilderverbots nicht zu hoch war, und als jüdischer Bildwissenschaftler muß er sich unterm Schlagbaum dieses selben Verbots hindurchschlängeln. Aber Warburg war ein zu guter und zu kenntnisreicher Kunsthistoriker, um nicht zu wissen, daß es mit der angeblichen Bilderlosigkeit des Judentums nie weit her gewesen ist.[29]

Den scheinbaren Widerspruch zwischen dem jüdischen Bilderverbot und Warburgs Beruf als Bildwissenschaftler als dessen Hauptproblem anzusehen, erschiene freilich auch als psychologische Reduktion. Im Kreuzlinger Vortrag sagt Warburg deutlich genug, was für ihn auf dem Spiel steht: die ewigen Fragen der Theodizee, vor denen «ratloses Menschenleid nach Erlösung sucht». Wo immer dies der Fall ist, taucht die Schlange auf, da soll sie eine bildhafte Antwort geben. Die Blitz-Schlange ist sozusagen der älteste Leidableiter der Menschheit. Den Prozeß der Sublimierungsgeschichte, der sie zum Verschwinden bringen will, begleitet sie als Symbol ihrer eigenen Verdrängung und als Anzeichen einer neuen Leidensgeschichte: eines Unbehagens in der Kultur.

Wenn Warburg also von den «zweitausend Jahre(n) länger» spricht, dann sagt er nicht mehr und nicht weniger als daß «wir» – will sagen: wir Juden – diesen Prozeß der Vergeistigung (und des Leidens daran) schon doppelt so lange Zeit tragen – und deshalb haben «wir Juden» das längere Leidensgedächtnis.

Auch insofern erscheint es wenig sinnvoll, den «Fall Warburg» als Amateurpsychiater zu begutachten. Es nützt nichts, Warburgs Krankenblatt als isoliertes Dokument zu studieren. Warburgs «Krankheit» trägt immer auch Züge einer «Krankheit als Metapher», die weniger der ärztlichen als vielmehr der religions- und ideengeschichtlichen Anamnese bedarf, will man die Art und Weise begrei-

28 Warburg Institute Archive, General Correspondence, Aby Warburg an Gisela Warburg aus Neapel, 14. Mai 1929.

29 Vgl. zuletzt Peter Schäfers Hinweise in: Der Triumph der reinen Geistigkeit. Sigmund Freuds «Der Mann Moses und die monotheistische Religion», Berlin/Wien 2003, S. 27 f.

fen, in der Warburg sein Judentum in Krankheit konvertiert – und wie er diese Konversion selbst noch einer historischen Analyse unterzieht, die den gesamten Selbsterziehungsprozeß der historischen Menschheit einer pathologischen Betrachtungsweise unterwirft. Es mag sein, daß Warburg – nach Heine und neben Kafka – den Typus des «kranken Juden» verkörpert[30]. Aber er ist dieser «kranke Jude» weder aufgrund seiner labilen Konstitution noch allein aufgrund seiner antisemitischen Umwelt. Der kranke Mann Warburg leidet gemäß seiner eigenen Theorie – er leidet unter einer Weltgeschichte, wie er sie gedeutet hat, er ist der Patient einer Interpretation.

30 Vgl. Sander L. Gilman: Franz Kafka. The Jewish Patient, London 1995.

Die vierte und letzte Lesart von Warburgs Diktum, die hier versucht sein soll, ist philologisch noch bedenklicher als die vorangehenden, weil sie nicht nur Warburgs Worte heranzieht, sondern auch den Kommentar, den Gertrud Bing ihrer Überlieferung hinzugefügt hat, nämlich die rätselhafte Bemerkung vom *amor fati*. Kann eigentlich ein Mensch, wie Nietzsche – und offenbar Warburg auch – dies meinte, an der gesamten Weltgeschichte leiden? Kann er sie auf sich nehmen wie Christus das Kreuz? Oder verbirgt sich in diesem pathetischen Universalanspruch nur das letzte, extremste Stadium des Historismus? Eine Frage, auf die es vermutlich keine Antwort gibt. In Einzelfällen mag die Idee eines solchen Universalpatiententums zur realen Gewalt geworden sein; von Ausnahmemenschen wie Nietzsche, Warburg und Max Weber scheint sie Besitz ergriffen zu haben. Während die spätere Moderne eher durch den Typ Mensch charakterisiert wird, der den «burden of history» (Hayden White) abzuwälzen sucht und darüber zum Antihistoristen wird, verkörpern diese Giganten der frühen, heroischen Moderne gleichsam den sokratischen Gegentyp, der die Geschichte auf sich lädt und ihr Gift in sich einsaugt: so als könne von der Krankheit, welche die Geschichte ist, nur Geschichte wieder heilen. Gewiß, sie sind Patienten, diese exemplarisch Leidenden, aber sie sind auch ihr eigener Arzt: Dr. Weltgeschichte hält Sprechstunde in der Bibliothek. Auch dieser Sokrates schuldet dem Asklepios noch einen Hahn.

Woran also mag Gertrud Bing gedacht haben, als sie mit Blick auf Warburg, den Patienten der Weltgeschichte, vom *amor fati* sprach? Nietzsche, auf den das Wort zurückgeht, verband damit, wie er im Sommer 1882 an Overbeck schrieb, «eine Art fatalistischer ‹Gottergebenheit›». Sechs Jahre später, in «Ecce Homo», formulierte er in deutlich höherem Ton: «... dass man Nichts anders haben will, vorwärts nicht, rückwärts nicht, in alle Ewigkeit nicht. Das Nothwendige nicht bloss ertragen, noch weniger verhehlen - aller Idealismus ist Verlogenheit vor dem Nothwendigen -, sondern es *lieben* ...»[31] Indem sie Warburgs Wort mit Nietzsches Haltung assoziiert, bezeichnet Gertrud Bing den Punkt, an dem Warburgs spezielles Pathos in ein allgemeines Ethos übergeht. «Amor fati» taugt, wenn man Nietzsches Lehre von der Ewigen Wiederkehr abzieht, als Leitvokabel einer modernen Stoa, wie sie auch in Warburgs geläufiger Rede von dem «Problem, das uns kommandiert» hörbar wird. Sie postuliert eine Haltung des Ertragens, Ausdauerns, Aushaltens vor dem Schicksal oder was immer seine innerweltlichen Agenturen sein mögen.

Auch dieser geschichtsphilosophischen Ernüchterung oder Versachlichung liegt also noch das *pateri* zugrunde, die Haltung eines Historikers in einer im Passiv begriffenen Geschichte. Gegenüber den Sollens-Imperativen der Veränderung bezeichnet *Amor fati* die Ethosformel eines heroischen Passivs, den kategorischen Imperativ des Standhaltens und der Treue zum Problem, unter dessen Kommando man steht. Wer zweitausend Jahre länger Patient der Weltgeschichte gewesen ist, dem ist solch fatalistische Gottergebenheit zur ersten Natur geworden.

Warburg, so darf man zusammenfassen, hat in seinem Bild vom Patienten der Weltgeschichte etwas Wesentliches über die Art seines theoretischen Denkens und seiner Auffassung von Kulturgeschichte preisgegeben. Mir scheint, Georges Didi-Huberman hat Recht[32], wenn er daran erinnert, daß Warburg, anders als Panofsky, anders auch als Cassirer, nicht nur ein Historiker des *Symbols* war, sondern auch ein Diagnostiker des *Symptoms* - auch wenn sein Ausflug des Jahres 1892 in die medizinische Fakultät nur von kurzer Dauer und seine medizinische Metaphorologie so inkonsistent war wie seine elektrophysikalische oder zirkulationstheoretische Bilderwelt. Warburg, der sich selbst als Psychopathologe begreift, aber der Historie treu bleibt[33], entwickelt nicht eine historische Semantik, und schon gar keine Semiotik, sondern -

31 Nietzsche: KSA, Bd. 6, S. 297.

32 Vgl. Georges Didi-Huberman: L'image survivante. Histoire de l'art et temps des fantômes selon Aby Warburg, Paris 2002; ders.: Dialektik des Monstrums. Aby Warburg und das Paradigma des Symptomalen, in: Barbara Naumann u. Edgar Pankow (Hg.): Bilder-Denken. Bildlichkeit und Argumentation, Paderborn 2004, S. 203 ff.

33 Zu Warburg als «Psychohistoriker», der das Symptom zum Sprechen bringen will, vgl. Zumbusch: Wissenschaft in Bildern, S. 75 f. u. 337 f. (Warburgs «Pathosformel» analog zu Freuds «Konversionssymptom»).

man zögert mit der Formulierung, weil sie so banal klingt – eine *Somatik,* genauer gesagt eine historische Psycho-Somatik. Was diese Wissenschaft ins Auge faßt, und was sie in Rede stellt, sind keine soliden Tatsachen, keine bekräftigten Erfahrungen und keine sinnidentischen Zeichen. «Ein entschiedenes Apercu», so notiert sich Warburg eines Tages, «ist wie eine okulierte Krankheit anzusehen: man wird sie nicht los bis sie durchgekämpft ist.»[34]

Bleibt zum Schluß die Frage nach dem Grad an Ernsthaftigkeit, mit dem Warburg sein Bonmot geprägt hat. Für Gertrud Bing bestand offenbar kein Zweifel daran, daß Warburg fatalistisch argumentierte, das Schicksal der Juden insgesamt und sein eigenes Schicksal als Jude bedenkend, und sicher spricht vieles für ihre Interpretation. Was freilich ihr Bild des düsteren Sehers ausblendet, ist Warburg, der kongeniale Verehrer Jean Pauls und Heinrich Heines, der deutsche Humorist und jüdische Witzereißer. Und wenn nun der Patient der Weltgeschichte nichts weiter wäre als der eingebildete Kranke des Historismus – Hegel als Hypochonder und der Historiker als Hysterica? Warburgs vogelhaft wendiger Witz, der seinen Schnabel gern an den tiefsten Lebensrätseln wetzte, mag auch dem Patienten der Büchergruft noch seinen Spottvers ins Ohr gepfiffen haben.

34 Zit. nach Zumbusch: Wissenschaft in Bildern, S. 323.

Jost Philipp Klenner

# Mussolini und der Löwe

## Aby Warburg und die Anfänge der politischen Ikonographie

1 Ercole Boratto: A spasso col Duce, in: La Domenica di Repubblica (28), November 2004, S. 23, 34–37. (S. 34: Attilio Bolzoni/ Tano Gullo: A spasso col Duce. Vizi e amori nel diario dell' autista).

Im November 2004 druckte die italienische Zeitung *La Domenica di Repubblica* Auszüge aus den Erinnerungen Ercole Borattos, des Chauffeurs Benito Mussolinis, die kurz zuvor in den Archiven des CIA wiederentdeckt worden waren[1]. Die Aufzeichnungen Borattos, die dieser 1945 im Auftrag des amerikanischen Geheimdienstes verfaßt haben soll, schilderten anekdotenhaft seine Erlebnisse als Fahrer und Vertrauter des Duce in den Jahren 1922 bis 1943. In den Auszügen der Zeitschrift waren vor allem Textpassagen gewählt, die Mussolinis politischen Aufstieg nachzeichneten, intime Einblicke in sein Liebesleben und seine zahlreichen Affären boten sowie von seiner Auto- und Motorradbesessenheit berichteten. Dem Zeitungsartikel war, neben einer Vielzahl kleinerer Abbildungen, ein großflächiges Photo als Frontispiz vorangestellt *(Abb. 1)*. Die 1924 für die Tagespresse entstandene Photographie zeigt Mussolini, mit Bowler und Ledermantel bekleidet, in Seitenansicht in einem offenen Cabriolet. Der Blick Mussolinis geht, mit regloser Miene, in Richtung Kamera, hinter ihm erscheint Ercole Boratto, die Hände am Steuer, den Kopf in Fahrtrichtung haltend. Im Arm hält Mussolini – einem Schoßhund gleich – eine junge Löwin, an deren Hals sich andeutungsweise ein Halsband erkennen läßt.

Warum die Herausgeber der *Repubblica* das Bild als Titel wählten, wird schnell ersichtlich. Es stellte den Chauffeur Mussolinis nicht nur bei der Arbeit dar, sondern korrespondierte mit einer kurzen Erzählung, die am Beginn der Auszüge aus Borattos Erinnerungen stand. Weitschweifend berichtete der Chauffeur von den motori-

LA DOMENICA DI Repubblica
DOMENICA 28 NOVEMBRE 2004

# A spasso col Duce

*Dopo 58 anni gli archivi della Cia restituiscono* ***il diario di Ercole Boratto*** *autista di Mussolini dal 1922 al 1943. Un ritratto impietoso degli incontri politici ma soprattutto delle manie, delle passioni, degli amori clandestini dell'uomo che segnò le sorti dell'Italia tra le due guerre*

Il Duce con la sua leonessa, Italia, e l'autista Ercole Boratto

GETTY IMAGES / L.RONCHI

ERCOLE BORATTO

«La sua meta preferita era il mare e sovente chiedeva di andare ad Ostia. Durante queste gite, se trovava qualche osteria isolata, si fermava ed ordinava del vino bianco. Ne beveva un po' centellinandolo come per assaporarlo meglio, ne faceva bere un bicchiere anche a me e mi ordinava di pagarlo, non avendo lui mai un soldo in tasca. Era questa una delle tante abitudini di Mussolini che lo caratterizzava come un tipo originale e strano. Sin dai primi anni di governo amava farsi riconoscere dal popolo e farsi notare principalmente dal sesso femminile, prova ne sia che tutti i giorni soleva fare delle passeggiate colla sua automobile sportiva, tra i viali di Villa Borghese nelle ore più animate del passeggio, e se per caso qualche bella figliola attirava la sua attenzione, era capace di percorrere più volte lo stesso viale per passare davanti alla donna notata, e fu appunto in uno di questi andirivieni che un vigile, stanco di vedersi passare sotto il naso quell'auto molto rumorosa, ci fermò per intimarci la contravvenzione per lo scappamento aperto [...] Non vi dico come rimase quel povero vigile quando alla richiesta delle generalità, si sentì rispondere: Benito Mussolini [...] In realtà si trasgredivano i regolamenti di viabilità poiché la sua macchina così camuffata, viaggiava sempre a scappamento libero ed era sprovvista di parafanghi e di parabrezza [...] Era un bravo guidatore d'auto Mussolini? No. Era sempre distratto, non percepiva il pericolo.

A Roma cominciarono per la sua mania di esibizionismo le passeggiate in auto per Villa Borghese in compagnia della leonessa "Italia" regalatagli dal proprietario di un circo equestre. Così, oltre alle altre preoccupazioni, avevo quella della fiera bestiolina, che in braccio al Duce, incominciava effettivamente a infastidirmi. Una provvidenziale zampata sulla giacca di pelle del Duce, pose fine anche a quest'altro tipo di originale vanità mussoliniana [...]

*(segue nella seconda di Cultura)*

SERVIZIO DI ATTILIO BOLZONI e TANO GULLO

2 Ebd., S.23.

sierten Ausflugsfahrten des Duce auf den Wegen im Park der Villa Borghese und beantwortete die selbst gestellte Frage, ob Mussolini ein guter Fahrer gewesen sei, mit einem deutlichen «nein», da dieser sowohl unaufmerksam gewesen sei als auch mögliche Gefahren kaum wahrgenommen habe. Aber auch die Ausflüge, bei denen Mussolini nicht selbst am Steuer saß, sondern sich fahren ließ, waren Boratto in der Erinnerung nicht mehr geheuer. Zu jener Zeit nämlich habe sich Mussolini den Passanten nicht allein gezeigt, sondern sei stets in Begleitung seiner Löwin ‹Italia› gefahren, die er, wie Boratto zu berichten wußte, vom Eigentümer eines Pferdezirkus als Geschenk erhalten habe. So habe sich Boratto neben seiner eigentlichen Tätigkeit als Chauffeur auch um die «*bestiolina* im Arm des Duce» kümmern müssen. Auf die alltäglichen Löwenfahrten hätte Mussolini erst dann verzichtet, als die Prankenhiebe ‹Italias› auf den Ledermantel des Duce dieser «Form von Eitelkeit Mussolinis ein Ende bereiteten»[2].

Die dem Bericht vorangestellte Photographie gehörte nicht zu den Dokumenten Borattos aus den Geheimdienstarchiven. Dennoch hatten die Gestalter der *Repubblica* Formularfelder und einen Stempel des CIA in blauer Farbe über das Photo gelegt. Aus dem Porträt Mussolinis war aber weder ein Dokument der Niederlage geworden, wie es die Nachbearbeitung zunächst suggerieren könnte, noch eine Darstellung, die sich in den Beschreibungen Borattos erschöpfte. Zweifellos hatten die Redakteure der *Repubblica* die Photographie vor allem wegen ihrer bildlichen Prägnanz gewählt. Doch was verrät die Photographie von Mussolini mit seiner Löwin jenseits der Anekdote Ercole Borattos? War sie mehr als ein zufälliges Fundstück aus den unzähligen Porträts des faschistischen Herrschers?

Tatsächlich spielte das Bild, das 1924 weltweit in den Tageszeitungen gedruckt wurde, in der Geschichte der Mussoliniporträts keine geringe Rolle. Denn es nutzte eine spezifische Stärke der Pressephotographie, die von den faschistischen Propagandastellen gezielt befördert wurde und von der sich auch in Ercole Borattos spöttischer Beschreibung noch ein Nachhall findet. Das Bild stellte zwar einen fahrenden Souverän mit einem herkömmlichen Attribut der Macht aus. Aber etwas Entscheidendes hatte sich in der

**Abbildung 1: Abbildung aus der italienischen Zeitung La Domenica di Repubblica (2004)**

Zuordnung der Symbole seit dem Aufkommen der Photographie geändert. Der Löwe Mussolinis war nämlich nicht mehr ein Attribut klassischer Provenienz, wie es auf Münzen, Emblemen, Gemälden und Skulpturen zu finden war: Er war lebendig. Dadurch wirkte das Tier in Mussolinis Armen zwar wie ein Zitat der klassischen Herrschaftsikonographie, die neben dem Löwen als Wappentier, wie in Belgien oder Bayern, seit der Antike auch den Löwen als Begleiter des Herrschers kannte. Gleichzeitig aber war die Photographie auch - und dafür sorgte die Löwin als lebendiges Wesen - ein Bild Mussolinis mit seinem Haustier. Noch etwas hatte sich, neben der Uneindeutigkeit des Löwen, ebenfalls mit dem Aufkommen der Pressephotographie geändert: Das flüchtige Herrschaftsporträt der für den Tagesgebrauch bestimmten visuellen Massenmedien war auf Aktualität angewiesen. Das zeigte sich daran, daß die Photographie kein Einzelgänger blieb: Von den Löwenbildern gab es, wenn auch nicht als Porträt des *fahrenden* Mussolini, eine Vielzahl von Variationen. Dabei kristallisierte sich zwar immer stärker der Charakter des Herrscherporträts heraus, zugleich aber war die Abfolge der Löwenbilder Mussolinis auch eine Bildgeschichte des «echten» Löwen. Denn Mussolinis ‹Italia› war nicht nur lebendig, sie wuchs auch heran: von der «*bestiolina* im Arm des Duce» zur ausgewachsenen Löwin.

Die Grundlage sowohl für eine dauerhaftere Verbindung der photographischen Herrschaftsbilder mit den Haustierberichten als auch für die Verbreitung jenseits der Tagespresse hatte die 1926 in Italien und 1928 in deutscher Übersetzung erschienene Biographie *DUX,* verfaßt von Mussolinis damaliger Geliebter Margherita Sarfatti, geliefert[3]. Auch hier war - wie bei Ercole Boratto - einem Löwenbild, das neben einigen anderen Photographien publiziert wurde, eine Erzählung zur Seite gestellt, diesmal jedoch von gänzlich anderer Farbgebung. «Allzugern», hieß es dort, spielte Mussolini mit «der stolzen rotblonden Löwin, die ihm einst als kleines Löwenbaby geschenkt wurde. Er taufte sie damals auf den Namen ‹Italia› und hielt sie, solange sie noch klein war, in einem Kämmerchen neben seinem Arbeitszimmer»[4]. Soweit blieb der Bericht Sarfattis bei der seit 1924 bekannten Legende. Aber in den zwei Jahren, die seit dem Erscheinen der Photographie Mussolinis mit

3 Margherita Sarfatti: DUX, Mailand 1926.

4 Dies.: Mussolini. Lebensgeschichte, Leipzig 1928, S. 327.

5 Ebd.

6 Hans Diebow, Kurt Goeltzer: Mussolini. Eine Biographie in 110 Bildern, Berlin 1931. Zu den Fotobüchern der zwanziger und dreißiger Jahre zuletzt: Reinhart Meyer-Kalkus: Der gefährliche Augenblick - Ernst Jüngers Fotobücher, in: Bildwelten des Wissens. Kunsthistorisches Jahrbuch für Bildkritik (Bd. 2,1: Bildtechniken des Ausnahmezustandes), 2004, S. 54-70.

7 Ebd., S. 40/41.

8 Vgl. Aby Warburg: Schlangenritual. Ein Reisebericht, Berlin 1988.

9 Warburg Institute Archive (WIA), GC (General Correspondences), Aby Warburg an Mary Warburg, 13. Februar 1924.

**Abbildung 2:**
**Bildtafel aus Margherita Sarfattis «DUX» (1926)**

**Abbildung 3:**
**Bildtafel aus der deutschen Ausgabe von Margherita Sarfattis «DUX» (1928)**

**Abbildung 4 (S. 88/89):**
**Bildtafel aus Hans Diebow, Kurt Goeltzer: Mussolini. Eine Biographie in 110 Bildern (1931)**

der kleinen Löwin im Auto vergangen waren, hatte sich nicht nur ihre Größe, sondern auch ihre Bedeutung gewandelt. Nun taugte sie auch jenseits der Photographie als Zeichen der Macht. «Später», fuhr Margherita Sarfatti fort, «brachte er sie im Zoologischen Garten in Rom unter. Und sooft er sie dort besucht und sie mit zärtlicher einschmeichelnder Stimme ruft: ‹Italia, Italia bella!› springt sie ihrem Herrn mit närrischer Freude entgegen. Der Direktor des Zoologischen Gartens warnte aus Furcht vor der Verantwortung ihn einstmals, in den Käfig zu gehen, weil die Löwin jetzt schon herangewachsen sei und die anderen vier im selben Käfig untergebrachten Löwen ihm fremd wären. Aber er ließ keine Furcht gelten und spielte auch weiterhin, glücklich wie ein Kind, mit dieser Katzenschönheit, in die er verliebt war, weil sie in jeder Linie ihres Körpers Macht und behende Kraft zeigte.»[5]

Dem Text war, entsprechend der Schilderung, eine Photographie Mussolinis mit seiner Löwin im Zoologischen Garten beigegeben *(Abb. 2)*. Diesmal war Mussolini in halb sitzender, gebeugter Haltung zu sehen, wie er seiner Löwin, die auf einer Holzkiste liegt, zärtlich die rechte Hand vor die Schnauze hält und seinen Kopf soweit geneigt hat, daß seine Nasenspitze die großen Ohren der Löwin zu berühren scheint; die sockelartige Kiste verstärkt zudem den skulpturhaften Eindruck des mit ‹Italia› verbundenen Mussolini.

In der deutschen Ausgabe, die zwei Jahre später als die italienische Originalausgabe erschien, folgte ein weiterer Abzug *(Abb. 3)*. Der nun fast ausgewachsenen, liegenden Löwin reicht der Duce wie zum Gruß die behandschuhten Hände und umfaßt die linke Pfote, die er vom Boden hebt. Noch immer haben die Bilder, nicht zuletzt durch Haltung und Gestik Mussolinis, einen spielerischen Charakter. Allerdings hat sich bei dem Bild der deutschen Ausgabe der Biographie etwas Grundlegendes geändert. Der Photograph, der die früheren Aufnahmen noch im Innenraum des Geheges gemacht hat, so daß man die Einzäunung nur im Hintergrund erkennen konnte, bleibt draußen. Von nun an waren auf den Löwenbildern Mussolinis stets im Vordergrund die Gitterstäbe zu sehen, die Mussolini und seine Löwin ‹Italia› von der Außenwelt trennten, als ob man in den Gefahren- und Machtbereich nicht der Löwen, sondern des faschistischen Herrschers selbst blicken könnte.

Die größtmögliche Verdichtung dieser Entwicklung stellte jedoch eine weitere Photographie aus dem Jahr 1927 dar, die sich auch in Deutschland großer Beliebtheit erfreute und 1931 in der aufwendig gestalteten, von Hans Diebow und Kurt Goeltzer herausgegebenen Bilderfibel *Mussolini. Eine Biographie in 110 Bildern* an zentraler Stelle publiziert wurde *(Abb. 4)*[6]. Auch hier ist die Photographie durch die Gitterstäbe aufgenommen, der hockende Mussolini legt seiner Löwin seine behandschuhte Rechte auf den Nakken. Zwar weist die Haltung Mussolinis Distanz zu dem grimmig blickenden, ausgestreckt liegenden Tier aus, doch ist die Geste eindeutig. Das Gesicht des Duce ist – wie schon auf der Abbildung im Auto – zur Kamera gerichtet und verstärkt damit den imperatorischen Eindruck des Bildes. Zudem ist der Blick durch die Umzäunung so gewählt, daß nicht nur das Bein Mussolinis, auf dem seine linke Hand ruht, von zwei Stäben stabilisierend gerahmt wird, sondern neben den beiden Augen der Löwin auch ein Auge des Duce verdeckt wird. Dadurch wird das sichtbare rechte Auge Mussolinis, das direkt zur Kamera blickt, umso deutlicher hervorgehoben, als die Löwin ‹Italia› auch bildlich bezwungen wirkt. Hier ist nichts Spielerisches mehr erkennbar, und durch die strenge formale Komposition hatte sich das Porträt den nichtphotographischen Herrschaftsbildern aufs äußerste genähert. Als Bilder-

läuterung hatten Hans Diebow und Kurt Goeltzer unter dem Titel *‹Italias› Freund* eine Passage aus Margherita Sarfattis Biographie gewählt: «Mussolini mit einer Löwin, die er als Ministerpräsident zum Geschenk erhielt und dann auf den Namen ‹Italia› taufte. Als Löwenbaby war sie neben seinem Arbeitszimmer untergebracht. Jetzt befindet sie sich im Zoo zu Rom, wo der Duce das erwachsene Tier hin und wieder besucht. Er scheut sich trotz allen Warnungen der Wärter nicht, den Käfig zu betreten, den sie mit noch anderen Löwen teilt.»[7]

Dafür aber, daß die Photographien keine Anekdote der populären Mussolinirezeption blieben, hatte genau achtzig Jahre vor dem Erscheinen der Erinnerungen Ercole Borattos bereits ein anderer gesorgt: der Kunsthistoriker und Kulturwissenschaftler Aby Warburg. Ein Jahr nachdem Aby Warburg den Ärzten in Ludwig Binswangers Heilanstalt «Bellevue», in der er sich seit einem Nervenzusammenbruch aufhielt, mit seinem berühmt gewordenen Vortrag über das Schlangenritual unter Beweis gestellt hatte, daß er wieder zu wissenschaftlicher Arbeit fähig war[8], notierte Warburg in einem Brief an seine Frau eine Beobachtung, die er bei der täglichen Lektüre des Hamburger Fremdenblatts gemacht hatte: «Im Frbl ist Mussolini abgebildet wie er im Auto mit einem jungen Löwen [im Arm] fährt.» *(Abb. 5)* «Dahinter», fuhr er fort, «steckt etwas eminent [mimisch] heidnisches: das gebändigte Monstrum (in [gezähmter] Miniaturausgabe) als Erweiterung und Erhöhung der Persönlichkeit; ein imperatorischer Triumph.»[9] Daß der Löwe zu den allgegenwärtigen Insignien politischer Herrschaft gehörte, war damit nicht gemeint. Ebensowenig, daß sich Mussolini als fahrender Souverän präsentierte, der sich zeitgeistgemäß in Pose warf. Warburg beließ es nicht bei der Frage nach den oberflächlichen Effekten der politischen Propaganda, sondern suchte die Bildprägungen des Photos zu entschlüsseln. Nichts anderes war mit dem «Mimisch-Heidnischen» gemeint als die Psychomotorik der politischen Formgebung, die Energetik des Machtzeichens. «Dahinter steckt aber mehr», fuhr Warburg fort und berief sich auf einen weiteren Zeitungsausschnitt, den er bereits im Herbst 1923 notiert hatte. In einer Rezension der Mussolini-Biographie Fritz Schotthöfers hatte er ein Zitat aus Mussolinis Erinnerungen aus

**Abbildung 5: Benito Mussolini mit seiner Löwin «Italia»**

seiner sozialistischen Zeit gefunden, in dem es hieß, er sei am 29. Juli 1883 in Varano del Costa geboren, «an einem Sonntag, um 2 Uhr Nachmittags ... Die Sonne war seit 8 Tagen in die Konstellation des Löwen eingetreten»[10]. Erst die astrologische Notiz Mussolinis brachte Warburg auf die Idee, die Photographie nicht als typisierte Darstellung von moderner, mit einem Motiv traditioneller Souveränität ausstaffierter, technisierter Macht zu lesen, sondern als Nachleben einer antiken Herrschaftsformel, genauer: des Sonnengottes Sol, der mit seinem Wagen den Himmel ersteigt. Auf der Zeitungsphotographie des Hamburger Fremdenblattes erkannte Warburg, indem er das Bild mit der astrologischen Notiz Mussolinis kurzschloß, einen Nachhall dieser Idee: «M. ist im Löwen geboren, wie er selbst sagt (29 Juli 83, wenn ich nicht irre) als die Sonne 8 Tage im Löwen stand, dh. das königliche Gestirn im königlichen Tierkreiszeichen - Sol invictus - die unbezwungene Sonne, die im Kaiserkult alles beherrscht [,] heute Mussolini als Bringer kosmischer Bedeutung und Sendung. Nachleben der Antike!»[11]

Wie die Münzbilder der römischen Antike, die Sol nicht allein als Begleiter des Souveräns zeigten, sondern ihm auch die Gesichtszüge des Kaisers verliehen[12], gestattete sich der Duce in den Augen Warburgs die *imitatio deorum*. Auch Mussolini meinte, vermutete Warburg, nicht allein die Wiederaufrufung des römischen Herrschaftsgedankens. Nicht um die Bezugnahme auf die Darstellungen der Antike ging es, sondern um die tatsächliche Sonnengebürtigkeit. Der *Sol invictus* der zwanziger Jahre aber ist auf den Pferdestreitwagen nicht mehr angewiesen: Er ist motorisiert.

In der Untersuchung des Mussolinibildes schlossen sich jene Fragen zusammen, die Warburg stets zu stellen wußte: nach der Intention des Bildes, nach seinen ikonographischen Geschwistern, nach seiner heidnisch-antiken Herkunft. Das Sujet dieser Befragung war allerdings nicht nur für Warburg radikal neu. Warburgs Brief aus der Nervenheilanstalt «Bellevue» kann als ein Gründungsdokument der politischen Herrschaftsikonographie gelten.[13] Der flüchtig hingeworfene Gedankenstrom des Briefes versuchte der Zeitungsphotographie, dem vorübergehenden Bild zur kurzen Lektüre, ein Maximum an Bedeutung abzuringen. Zugleich hatte Warburg die Interpretation der Mussolini-Photographie mit einem seiner ältesten Themen rückgekoppelt: der Astrologie. Mit seiner Arbeit über *Heidnisch-antike Weissagung in Wort und Bild zu Luthers Zeiten* hatte er wenige Jahre zuvor die erste bildwissenschaftliche Studie zu Bild- und Textmedien als Mittel der Massenagitation und Propaganda vorgelegt.[14] Anders als noch während des Ersten Weltkrieges ging es Warburg in seinem Brief aus der Kreuzlinger Nervenheilanstalt nun aber nicht mehr um den historischen Blickwinkel auf die Gegenwart, sondern um die Analyse der modernen «Schlagbilder»[15]. Freilich: von einer wissenschaftlichen Ausarbeitung ist hier nichts in Sicht. Am 13. Februar 1924, als Warburg seine Überlegungen seiner Frau vorlegte, schloß er lakonisch: «Aber was zerbreche ich mir über die Macht der LöwenMenschen den Kopf, wenn ich selbst ein gezähmter [ ] hund der Hyäne Lydia bin.»[16] Aber als sich der Fortgang des Briefes schon längst in persönlichen Bemerkungen verlief, schob Warburg noch einen Satz zwischen die Zeilen. Für Mussolini sei der Satz «Die Sonne bringt es an den Tag»[17] gedacht.

10 Notizen aus Warburgs Zettelkasten: WIA, ZK, 56 «Rel. Kosmol.»/«Mussolini Horoskop», 068/039915; WIA, ZK, 56 «Rel. Kosmol.»/ «Mussolini Horoskop», 068/039914.

11 WIA, GC (General Correspondences), Aby Warburg an Mary Warburg, 13. Feb.1924.

12 Vgl. Maria R.-Alföldi: Bild und Bildersprache der Römischen Kaiser. Beispiele und Analysen, Mainz 1999, S. 58/59.

13 Zur Kunstgeschichte als Bildwissenschaft: Horst Bredekamp: A Neglected Tradition? Art History as Bildwissenschaft, in: Critical Inquiry 29(2003), S. 418-428; ders.: Bildmedien, in: Hans Belting u.a. (Hg.): Kunstgeschichte. Eine Einführung, Berlin 2003 (6. überarbeitete und erweiterte Auflage), S. 355-378.

14 Aby Warburg: Heidnisch-antike Weissagung in Wort und Bild zu Luthers Zeiten, in: ders.: Ausgewählte Schriften und Würdigungen (Hg. Dieter Wuttke), 3. erw. Aufl. Baden-Baden 1991, S. 199-304.

15 Vgl. Michael Diers: Das öffentliche Bild. Annäherung an eine Kunstgeschichte im Medienzeitalter, in: ders.: Schlagbilder. Zur politischen Ikonographie der Gegenwart, Frankfurt am Main 1997, S. 17-50.

16 WIA, GC (General Correspondences), Aby Warburg an Mary Warburg, 13. Feb. 1924.

17 Ebd.

Als geläufige Floskel war dies nicht gemeint. Mussolinis historisch aufgeladene Symbole sollten durch die Feinanalyse ihrer eigenen Geschichte geschlagen werden. Durch den Nachtrag zeichnete sich eine der prägnantesten Vorstellungen der Arbeit Warburgs ab: die Unmöglichkeit einer dauerhaften Stabilisierung des Symbols, die permanente Transformation der Bildinhalte. Auch die Wiederaufrufung einer römischen Formel war für Warburg nicht jenseits der Gedächtnisspuren der Bildzeichen denkbar. So hatte die Geschichte der Darstellung der Sonnengötter gezeigt, daß sie nicht an weltliche oder himmlische Machtrepräsentation gebunden war. Aus der Phrase aus Cornutus' *Natura Deorum* - «die Sonne bringt es an den Tag» - war im 18. Jahrhundert eine Allegorie der Wahrheit geworden. Der Bilder-Denker Warburg dachte wohl an Giambattista Tiepolos Fresko in der Villa Trento-Valmarana in Vicenza, das eine personifizierte Wahrheit mit dem Attribut Apolls zeigte: der Sonnenscheibe. Seit zwei Jahrhunderten war die Sonnensymbolik des νέος Ἥλιος darin begriffen, eine Metapher der Aufklärung zu werden.

Drei Jahre später, im August 1927, kam Warburg in einem Vortrag über Briefmarken noch einmal auf die Photographien Mussolinis zu sprechen. Der *Briefmarkenvortrag* behandelte grundlegende Probleme der Darstellungen auf Briefmarken und die Entwicklung einer eigenständigen Symbolsprache der Weimarer Republik, die in einen Entwurf Aby Warburgs mündeten.[18] Um die gelungene Darstellung von politischen Symbolen zu demonstrieren, hatte Warburg im historischen Teil seines Vortrags einen polaren Gegensatz in der Herrschaftsdarstellung auf Briefmarkenbildern illustriert. Im Zentrum der Überlegungen standen zwei Markenbilder, die auf antike Vorbilder rekurrierten: eine Briefmarke der Insel Barbados, die den König von England auf einem von Seeungeheuern gezogenen Neptunsgespann zeigte, und die Darstellung des Liktorenbündels auf den Marken des italienischen Faschismus.[19] Warburgs Beispiele waren sorgsam gewählt. Nicht um zwei Belege des Nachlebens der Antike ging es dem Kulturhistoriker, sondern um die gegensätzlichen Strategien, die sich hinter dem Wiederaufruf der Zeichen verbargen. Keineswegs, so Warburg, gab der König von England auf den Marken der Insel Barbados vor, der Gott

18 Vgl. Ulrich Raulff: Der aufhaltsame Auftsieg einer Idee. Warburg und die Vernunft der Republik, in: ders.: Wilde Energien. Vier Versuche zu Aby Warburg, Göttingen 2003, S. 72–116.

19 Aby Warburg: Briefmarkenvortrag, WIA, III, 99.1.1.1 «Die Funktion der Briefmarkenbilder».

20 Erwin Panofsky: Das Leben und die Kunst Albrecht Dürers (4. erweiterte Auflage), München 1977, S. 105.

**Abbildung 6a: Bildmaterial des Briefmarkenvortrags aus «Der Bilderatlas Mnemosyne» («vorletzte Fassung», Tafel 77)**

**Abbildung 6b: Albrecht Dürer: Sol iustitiae. Kupferstich, um 1500**

Neptun zu sein; er schrieb sich metaphorisch dessen Macht zu. Anders das Rutenbündel mit dem Beil auf den Marken der Faschisten: Nicht metaphorisch sei das Gewaltsymbol gedacht, sondern als Furcht erweckendes Zeichen politischer Souveränität - eine reale Bedrohung.

Noch einmal handelte Warburgs Vortrag im August 1927 von den Mussolinibildern, auf die er zuerst in Kreuzlingen gestoßen war. Dieses Mal ging es Warburg jedoch nicht mehr allein um das heidnische Bild des *Sol invictus,* das hinter der Photographie durchschien, sondern um die Transformation dieser Herrschaftsformel auf dem Weg durch die europäische Geschichte. Auch diesmal kehrten die astrologischen Erinnerungen Mussolinis wieder. Aber jetzt schlug Warburg einen großen Bogen von den Solartheologien der Antike mit ihren Apollobildnissen und dem astrologisch-orientalisierten *Sol invictus* über die Solarisierung Christi im Mittelalter bis zur Königsheliolatrie der absolutistischen «Sonnenkönige» *(Abb. 6a).* Damit trug er nach, was er in seinem Brief aus Kreuzlingen ausgespart hatte, den Transport der Herrschaftsformel durch das christliche Mittelalter. Das prägnanteste Zeichen der Übertragung der apollinischen Bilder in die christliche Ikonographie machte Aby Warburg dabei in den Christusdarstellungen selbst aus. In seine Bilderreihe stellte er Albrecht Dürers Stich des *Sol iustitiae,* der «Sonne der Gerechtigkeit», der eine Christusfigur mit den Attributen der Gerechtigkeit - Waage und Schwert - zeigt *(Abb. 6b).* Aber der Kopf des *Sol iustitiae* ist von einer apollinischen Strahlenkrone umgeben, das Gesicht bricht um die Augenpartie in Flammen aus, und seine Züge zeigen, wie Erwin Panofsky später formulierte, «einen wild gewaltigen, doch kummervollen Ausdruck, seltsam verwandt dem seines phantastischen Reittiers»[20]. Das «Reittier» des *Sol iustitiae* nämlich ist ein Löwe, wie er auf den orientalischen Sonnenbildern und auf den Kapitellen des venezianischen Dogenpalastes zu finden war.

Auf Dürers Stich kehrte die antike Astrologie in der Brechung der christlichen Darstellung wieder, es war die eindrücklichste Verformung des in einen *Sol iustitiae* einschießenden *Sol invictus,* der die astrologischen Naturmächte in die richtende Macht Christi übertrug. Dürers Belegstelle dieser Vorstellung war denn auch ein theologisches Handbuch, Petrus Berchorius' 1489 gedrucktes

*Repertorium morale,* in dem es hieß: «Die Sonne der Gerechtigkeit wird in Flammen stehend erscheinen, wenn er die Menschheit richten wird am Tage des Gerichts, und er wird ganz glühend sein und schrecklich. Denn, wie die Sonne zur Sommerszeit, wenn sie im Löwen steht, Kraut und Blumen verbrennt, so wird Christus erscheinen als ein grimmiger und löwengleicher Mann in der Hitze des Gerichts.»[21] In Warburgs Notizen zum Briefmarken-Vortrag ist dieser Nachvollzug der Figur voll entwickelt: «Finiguerra - Solkinder / Die Planetenkinder / Die Kindschaft / Sol iustitiae / Berchorius / Sarfatti / Mussolini / Italien Marken / Mussolini u.d. Löwe / Tiara und Beil»[22].

Die Möglichkeit der Transformation einer antiken Bildformel in die christliche Ikonologie zeigte für Warburg aber ebenso an, daß die *imitatio imperatorum* der Christusbilder des Mittelalters auch in der Umkehrung, der Rückübersetzung in die politischen Herrschaftszeichen, nicht mit den absoluten Monarchen, dem innerweltlichen Fiktionsapparat der «Sonnenkönige», erledigt war. Auch in den visuellen Massenmedien seiner Tage, das hatte ihm die Photographie Mussolinis - im Auto den Löwen haltend - gezeigt, wurde mit Motiven und Rezepten gearbeitet, die eine Rückkehr der astrologischen Herrschaftsmythologie verkündeten. Eine ent-

21 Hier zitiert nach: Panofsky: Dürer, S. 106.

22 Aby Warburg: Briefmarkenvortrag, WIA, III, 99.1.1.1 «Die Funktion der Briefmarkenbilder», S. 23-27.

23 Bei dem Bild handelt es sich um die «Vogelpredigt» aus dem Freskenzyklus im Langhaus von «San Francesco» in Assisi.

**Abbildung 7:**
**Aby Warburg: Bildtafel «Mussolini» aus dem Briefmarkenvortrag**

**Abbildung 8:**
**Aby Warburg: Briefmarkentafel «Italien»**

scheidende Zuordnung hatte sich in Warburgs Briefmarkenvortrag aber geändert. War die Photographie Mussolinis von 1924 der eine Pol, den seine Überlegungen umkreisten, so lenkte er mit der Einbeziehung des Dürer-Stichs die Aufmerksamkeit noch auf einen anderen, ihm wichtigen Punkt.

Auf einer der wenigen erhaltenen Bildtafeln *(Abb. 7)*, die der Kulturwissenschaftler in seinem Briefmarken-Vortrag verwandte, ist zunächst eine photographische Reproduktion eines den Heiligen Franziskus zeigenden Freskos von Giotto zu sehen.[23] Sie korrespondierte mit einer italienischen Franziskus-Marke, die Warburg im Laufe seines Vortrags gezeigt hatte *(Abb. 8)*. Daneben erscheint nicht, wie es die Abfolge der Briefmarkentafeln vermuten ließe, das faschistische Rutenbündel, sondern eine weitere Photographie Mussolinis. Sie zeigt ihn wiederum mit seiner Löwin, doch diesmal ist sie ausgewachsen, Mussolini legt ihr in hockender Haltung die rechte Hand auf den Rücken. Es ist dasjenige Bild, das vier Jahre später in Hans Diebows und Kurt Goeltzers *Mussolini. Eine Biographie in 110 Bildern* erscheinen sollte. Obwohl Warburg die italienische Bildunterschrift «Mussolini con sua leonessa» beibehielt, steht die Deutung außer Frage. Nichts anderes als die Rückübertragung des *Sol iustitiae* in den Raum des Politischen sollte

hier gezeigt werden. Von den Mussolini-Photographien führte für den Bildhistoriker Warburg somit nicht nur ein direkter Weg zu den antiken Herrschaftsbildern, sondern ebenso zur Verwandlung der Christusdarstellungen in die *imitatio deorum*. Indem er anhand weniger Pressephotographien die Wege der antiken Bildformel beschrieb, legte Warburg die Bedeutungsfülle frei, die sich in den modernen – den nichtkünstlerischen und technisch reproduzierten – Herrschaftsbildern der Massenmedien versteckte. «Nachleben der Antike!» hatte es in Warburgs Brief aus Kreuzlingen geheißen.

Aber es blieb nicht bei den historischen Genealogien. Warburg, dem das Nachleben des Löwen in der Herrschaftsikonographie ebenso bemitleidenswert wie unheimlich erschien – «des Löwen Schicksal ist beklagenswert» heißt es an einer Stelle der Vortragsnotizen –, glaubte, daß die überschießende Energetik der Zeichen bildwissenschaftlich zu entgiften sei. Anders aber als in seinem Brief aus Kreuzlingen wählte er diesmal nicht den Weg des Historikers. Nicht durch die Wahrheitsmetaphorik der Apollobildnisse des 18. Jahrhunderts wollte er die Wirkung der Mussolinibilder zerstören, sondern durch jene neuen ephemeren Bildwelten, die auch die Wiederkehr des Sonnenkaisers mit sich gebracht hatten. Mussolinis Inszenierungen wurden Bilder aus der Werbung gegenübergestellt, die das Heil des Löwen retten sollten. So zeigte Warburg nicht nur «Löwenmenschen» des Zirkus Krone, sondern notierte süffisant, daß auch der von der Herrschaftssymbolik völlig befreite Löwe in den Magazinen zu finden sei: «Der erlöste Löwe / Biersaufende Reklame Mitropa»[24].

Was aber machte Mussolinis Löwin für Warburg so faszinierend wie bedrohlich? Neben der Bedeutungsfülle, die sich auch an den photographischen Herrschaftsbildern freilegen ließ, ist dies, so scheint es, vor allem die symbolische Ambivalenz, die die Löwin ‹Italia› für Warburg besaß. Während der Vorarbeiten zu seinem Briefmarkenvortrag hatte Warburg in einem Brief an Fritz Saxl vermerkt: «Das Thema würde (nur für Sie und Bing) etwa lauten: ‹Die Funktion der nachlebenden Antike bei der Ausprägung energetischer Symbolik›. – Der Endpunkt der Bilderreise wird Ihnen ohne weiteres klar sein, wenn ich Ihnen sage, dass zum Schluss einander gegenüberstehen sollen als Typen der Wiedergeburt der

24 Aby Warburg: Briefmarkenvortrag, WIA, III, 99.1.1 «Die Funktion der Briefmarkenbilder», S. 122. Dieser Seite der Löwenbilder hat sich erst einige Jahrzehnte später Hans Blumenberg verschrieben, der bereits 1974 in seiner Rede «Ernst Cassirer gedenkend» bemerkte: «In Hamburg gab es die Bibliothek Warburg, ein singuläres Dossier des Unbekannten». Hans Blumenberg: Löwen, Frankfurt am Main 2001.

Antike durch Indienststellung in die politische Praktik, die Briefmarke von Barbados (mythisch, griechisch, metaphorisch) und die italienische Fascistenmarke (heroisch, historisch, römisch, tropisch).»[25] Dem Löwen Mussolinis ging aber trotz seiner «Indienststellung in die politische Praktik» selbst das Tropische des Liktorenbündels ab: Er lebte tatsächlich. Damit zeigte die Darstellung der Löwin ‹Italia› auf den Photographien Mussolinis für Warburg die extremste Überspannung der emotiven Wirkung an, die er an den Zeichen des Faschismus ausmachte: das Gefühl der Angst und des Schreckens auslösen zu können.

Hier könnte eine ikonographisch gestützte Ideengeschichte des «Löwenmenschen» Mussolini enden. Es bliebe eine Erzählung von der vergessenen Herkunft der politischen Ikonographie, die längst auf anderen Fährten Warburgs und mit anderen methodischen Zugriffen zum Gemeingut der neueren Kunstgeschichte geworden ist.[26] Aber seine Beobachtungen verraten auch etwas über den politischen Warburg. Oder genauer: über das prekäre Verhältnis zwischen kunsthistorischer Arbeit und subversiver Bildpraxis. So hatte Warburg im Briefmarkenvortrag ausdrücklich und fast trophäenhaft auf die Mussolinibiographie Margherita Sarfattis hingewiesen, in der nicht nur ein Löwenbild abgedruckt wurde, sondern auch die zugehörige Anekdote geliefert wurde, die die weitere Verbreitung der Bilder fortan strukturieren sollte. Aber die Biographie Sarfattis fügte, jenseits der Geschichte ‹Italias›, auch jenes Element hinzu, das Warburg zwei Jahre zuvor – bei der Zeitungslektüre im Haus «Bellevue» – mit dem Bild Mussolinis im Auto kurzgeschlossen hatte. Auch jene Biographie begann mit der Sonnengebürtigkeit Mussolinis. Zwar variierte die Verfasserin zunächst die Bemerkung Mussolinis, indem sie darauf hinwies, daß «der Volksglaube, dem auch Goethe zugetan war, behauptet, daß Sonntagskindern ein sonniges Schicksal zuteil werde», doch nur um Mussolini selbst zu Wort kommen zu lassen: «‹Ich wurde›, so schreibt er, ‹an einem Sonntage um zwei Uhr nachmittags geboren. Man feierte das Fest des Patrons der Pfarrkirche della Camminate, deren alter baufälliger Turm feierlich und erhaben die ganze Ebene von Forli beherrscht. Die Sonne war seit acht Tagen in das Zeichen des Löwen eingetreten.»[27] Unter diesem Zeichen stand bei Margherita

25 WIA, GC (General Correspondences), Aby Warburg an Fritz Saxl, 16. Mai 1927.

26 Vgl. Martin Warnke: Politische Ikonographie, in: Andreas Beyer (Hg.): Die Lesbarkeit der Kunst. Zur Geistes-Gegenwart der Ikonologie (=Kleine Kulturwissenschaftliche Bibliothek Band 37), Berlin 1992, S. 23–28; ders. (Hg.): Bildindex zur Politischen Ikonographie, Hamburg 1993.

27 Sarfatti: Mussolini, S. 8.

Sarfatti die Geschichte vom Aufstieg Mussolinis. Der Zielpunkt ihrer Biographie aber lag nicht in der politischen Erfüllung dieser Berufung zur Herrschaft, sondern in der tatsächlichen Löwenwerdung Mussolinis. Auf der letzten Seite ihres Buches benannte Margherita Sarfatti zusammenfassend die ihrer Ansicht nach herausragenden Charakterzüge von Mussolinis Persönlichkeit - Ehrgeiz, Größe, Verachtung - und ließ Mussolini von seiner mythischen Verwandlung sprechen: «‹Ja!› sagte der Führer, und seine Augen leuchteten von einem inneren Feuer, das kaum von dem Willen gebändigt war. ‹Ja! Ich bin von dieser Sucht besessen. Sie brennt, sie zermürbt und verzehrt mich innerlich wie ein körperlicher Schmerz: Einritzen, mit meinem Willen, einritzen will ich ein Zeichen in die Zeit, wie ein Löwe mit seiner Pranke: So!› Und seine Hände erhoben sich in einer raschen zupackenden Bewegung.»[28]

Aby Warburg wird dies kaum entgangen sein. Es mußte ihn vor ein bislang unbekanntes Problem stellen: Wenn die moderne italienische Bildpropaganda, kunsthistorisch geschult, gezielt mit der historischen Genealogie ihrer Bilder argumentierte, so konnte es bei einer herkömmlichen ikonographischen Deutung nicht bleiben. Mit der Begründung der Politischen Ikonographie mußte Warburg sie gleichsam verschärfen wie überbieten. Seine Stärke zeigte sich dabei weniger in der Entschlüsselung der antik-astrologischen Herkunft der Bilder Mussolinis mit seiner Löwin ‹Italia›, die Margherita Sarfatti zwei Jahre später offenlegen sollte, als in seinem unnachgiebigen Beharren auf der Unmöglichkeit der bildpropagandistischen Stabilisierung von Bildinhalten oder, positiv gewendet: auf ihrer Energetik. Neben die kunsthistorische Arbeit, die den verkürzten Herleitungen und Anrufungen der italienischen Propaganda die Feinanalyse ihrer Zeichen entgegenstellte, war im Briefmarkenvortrag eine offensive Arbeit am Bild getreten: Sie setzte auf Konfrontation.

28 Ebd., S. 336.

Bildnachweis: Abb. 1: Aus: La Domenica di Repubblica 28, November 2004. - Abb. 2: Aus: Margherita Sarfatti: DUX, Mailand 1926. - Abb. 3: Aus: Margherita Sarfatti: Mussolini. Lebensgeschichte, Leipzig 1928. - Abb. 4: Aus: Hans Diebow, Kurt Goeltzer: Mussolini. Eine Biographie in 110 Bildern, Berlin 1931. - Abb. 5: © Österreichische Nationalbibliothek, Bildarchiv, Wien: Pf 513: C (23). - Abb. 6a: © The Warburg Institute Archive, London. - Abb. 6b: Kunstsammlung der Universität Göttingen. - Abb. 7: © The Warburg Institute Photographic Collection, London. - Abb. 8: © The Warburg Institute Archive, London: WIA, III, 99.1.1.1 «Die Funktion der Briefmarkenbilder».

Hans-Georg Gadamer

# Schönheit

*Begriffsgeschichtliche Untersuchungen waren für Hans-Georg Gadamer, den Philosophen der Hermeneutik, kein antiquarisches Geschäft, sondern eine ausgezeichnete Form hermeneutisch reflektierter Traditionsaneignung. Dies gilt auch für den kleinen, wohl in den 1970er Jahren entstandenen Text über «Schönheit», den wir nachfolgend mit freundlicher Erlaubnis der Erben aus Gadamers im Deutschen Literaturarchiv Marbach verwahrten Nachlaß veröffentlichen. Thema und Herausforderung seiner Überlegungen ist der Geltungsverlust, der dem Begriff der Schönheit im 19. und 20. Jahrhundert geschmacksgeschichtlich und kunsttheoretisch widerfuhr. Gadamer geht den ästhetischen und außerästhetischen Gründen dieses Geltungsverlustes nach, um gleichwohl am Ende darauf zu bestehen, daß Schönheit ein unverzichtbarer Wertbegriff geblieben ist und bleiben wird - nicht nur in aestheticis. Odo Marquard, dessen frühe Beiträge zu einer Theorie der nicht mehr schönen Künste in Gadamers Text anspielungsweise präsent sind, hat ihn für uns mit einem Kommentar versehen.*

Um Schönheit ist seit langem, wenn damit ein Urteil über Kunst gesprochen sein soll, der Verdacht klassizistischer Blässe. So haben schon die Romantiker dem Schönen das Charakteristische entgegengestellt, und der Hegelianer Rosenkranz hat sogar eine «Ästhetik des Häßlichen» gewagt. Unter ähnlichen Vorzeichen stand die durch den Naturalismus entfesselte Revolution. Man denke nur an Zola oder Gerhart Hauptmann. Und vollends in unserem Jahrhundert der Zertrümmerung alter Formen ist das Ideal der Schönheit in Mißkredit gekommen. Kunstströmungen wie der Kubismus oder der Expressionismus schlagen den gehegten Schau-Erwartungen geradezu ins Gesicht und die Ästhetiker sprechen mit Stolz von den «nicht mehr schönen» Künsten.

Ein solcher Begriffsverfall erzählt eine Geschichte. Es ist die Bildungsgeschichte des Bürgertums der letzten zwei Jahrhunderte, wie sie im Gesellschaftsleben sich abgespielt hat. Das «klassische Weimar» blieb, allen realistischen Tendenzen des 19. Jahrhunderts zum Trotz, ein gesellschaftlicher Faktor. – Waren schon Goethe und Schiller an diesem ungewöhnlichen kleinen Fürstenhof durch ihre schöpferischen Leistungen zu Ansehen und sogar zur Adelung gelangt, so folgte das deutsche Bürgertum in seinem Streben nach gesellschaftlicher Anerkennung dem Vorbild unserer Klassiker.

Schiller zuerst, und später Goethe, wurden als Nationaldichter verehrt und ihre «hellenische Wendung» verschmolz auf eigene Weise mit der nationalstaatlichen Integration Deutschlands und insbesondere des neuen deutschen Reichs Bismarckscher Prägung. So ging neben der eigentlichen Entwicklung des sozialen und politischen Lebens im Zeitalter des liberalen Fortschritts, der Entfaltung der Industrie und der Großmachtpolitik ein Bildungsgeschehen einher, das durch einen rückwärtsgewandten, blassen Klassizismus gekennzeichnet war. Wilhelms II. Verhinderung der Verleihung des Schillerpreises an Gerhart Hauptmann oder der Pseudo-Klassizismus der Kulturpolitik und Baupolitik des Dritten Reiches sind dafür sprechende Zeugen. So ist es ein inhaltliches Moment, das sich an den Schönheitsbegriff geheftet hat, das den progressiven Tendenzen der wirklich schöpferischen Künstler zur Herausforderung wurde und den Verfall des Schönheitsbegriffs herbeiführte. Er ist ein Opfer des Bildungsbürgertums.

Allein in unserem Zeitalter des Ausgleichs der Klassen und Stände, der durch den zivilisatorischen Aufschwung nach dem Zweiten Weltkriege herbeigeführt wurde, ändern sich die Bedingungen. Man spürt es in vielem: die klare Rationalität unserer Zweckbauten, die sich um uns emportürmen, weckt in uns eine neue Empfänglichkeit für den Dekor. Der lange beschimpfte ‹Jugendstil› wird wieder entdeckt. Die Experimente moderner Architekten suchen die Leichtigkeit der Grazie.

In der bildenden Kunst bahnt sich Ähnliches an. Sogar Landschaftsbilder kehren zurück, und vom Hintergrund aller sozial- und kulturkritischen Tendenzen unseres Schrifttums – man wagt freilich noch nicht oder nicht mehr zu sagen: unseres *schönen* Schrifttums – drängt etwas nach vorn, das man Verlangen nach

Schönheit in einem neuen, oder besser in ihrem ältesten Sinne nennen könnte. Denn Schönheit ist weit mehr als ein Stilideal – es ist eine Auszeichnung für solches, in dem sich alle wiedererkennen und das alle fraglos und willig bewundern. Das sind nicht nur edle Schöpfungen der Kunst oder romantische Sehnsuchtsbilder unberührter Natur – aber es sind Erfahrungen der Steigerung des eigenen Lebensgefühls in der Begegnung – zweckfrei, begrifflos, leicht. «Denn das Schöne ist nichts als des Schrecklichen Anfang, den wir noch grade ertragen.» – So hieß es einst, und es ist auch am Ende wahr. Aber unser an seinen Bürden schwer tragendes Geschlecht, das sich in eine immer fremder werdende Welt ausgesetzt findet, sieht das eigentlich Überwältigende des Schönen in der Selbstverständlichkeit, mit der es sich darbietet.

Das aber ist der älteste Sinn des Schönen, der neuen Reiz gewinnt.

«Schön», im Griechischen *kalos,* greift weit über das hinaus, was den Sinnen gefällt. Es ist ebenso ein Ausdruck für das, was in einer Gesellschaft anerkannt ist und in aller Geltung steht. Wie immer, profiliert sich der positive Wertbegriff des Schönen am schärfsten durch seinen Gegenbegriff, das Häßliche, dessen Anblick man meidet, dessen Existenz man verwirft. Eine häßliche Tat zum Beispiel weckt inneren Widerwillen dagegen, daß sie überhaupt von Menschen getan werden konnte. Ein Normwille wird durch das Häßliche verletzt, wo immer es begegnet. Die «Zersiedlung» der natürlichen Landschaft durch die immer weiter wachsende Industriegesellschaft erscheint uns häßlich. Umgekehrt nennen wir schön, was sich gut in ein Ganzes einfügt oder einem Normbegriff überzeugend entspricht. Eine schöne Tat vollends nennen wir ein Verhalten, das die Erwartung, die an Menschen im sozialen Zusammenhang allgemein und mit Recht gestellt wird, nicht nur erfüllt, sondern übertrifft. Und so erfüllt sich am Ende der unzerstörliche Sinn von Schönheit in allem, was jenseits des Notwendigen, des Nützlichen, des Zweckmäßigen durch sein eigenes Dasein überzeugt. Das bleibt auch im Urteil über Kunst, welchen Stiles immer sie sei, der eigentliche, einzige Maßstab.

Odo Marquard

# Schönheit und Bürgerlichkeit

## Ein Kommentar

Man konnte von ihm lernen, von Hans-Georg Gadamer. Nicht nur, daß er eine gebildete Philosophie pflegte: als ich noch jung und frech war, habe ich vom «gebildeten Flügel der Heideggerschule» gesprochen. Es war eine menschliche Philosophie. Ich erinnere mich an Situationen, in denen Gadamer meine Philosophie entschieden zurechtgerückt hat. Eine davon ist die, auf die Gadamers Schönheitstext (wie ich ihn nennen möchte) durch seinen Bezug auf die «‹nicht mehr schönen› Künste» selber hinweist.

### I.

Der Hinweis gilt der Forschungsgruppe «Poetik und Hermeneutik», ihrem dritten Band näherhin und dort auch meinem Beitrag «Zur Bedeutung der Theorie des Unbewußten für eine Theorie der nicht mehr schönen Kunst». Dieser vor allem Hegel und Freud gewidmete Aufsatz hat zum Titel des Bandes geführt: «Die nicht mehr schönen Künste. Grenzphänomene des Ästhetischen», herausgegeben von Hans Robert Jauß,[1] der mich bei früheren Bänden der Gruppe immer um Titelvorschläge bat, die nicht immer genommen wurden, aber sozusagen als Anregungsmasse für die Titelgebung Bedeutung hatten. Und jedenfalls: der Band über «Die nicht mehr schönen Künste» war in der Tat eine Ermunterung der ästhetischen Avantgarde.

In seiner Besprechung des Bandes in der «Philosophischen Rundschau» kritisierte Gadamer unter anderem auch meine Interpretation des Hegelschen Satzes vom Ende der Kunst: «Marquard (wie die meisten, die sich hier auf Hegel berufen) nimmt die grundsätzliche Bedeutung von Hegels Satz, der die gesamte nachklassische Kunst mitmeint, nicht ernst genug.»[2] Ich hatte die These aus der Ästhetik-Vorlesung meines Lehrers Joachim Ritter übernommen: Hegels Satz vom Ende der Kunst ist der Satz vom Zusammenbruch des Überanspruchs der modernen ästhetischen Kunst. So habe ich die Ehre gehabt, durch Gadamers Rezension von ihm jene zarten Prügel zu bekommen, die wohl Ritter einschlägig zugedacht waren. Gadamers Hegel-Interpretation hat mir sehr schnell eingeleuchtet, und ich habe es 1976 und 1981 auch ausdrücklich gesagt: «Gadamer hat selbstverständlich schlichtweg recht.»[3] Hegels Satz vom Ende der Kunst kritisiert nicht die moderne ästhetische Kunst, sondern meint: seit der «antike», d.h.

1 München 1968.

2 Hans-Georg Gadamer: Poesie heute (H. Domin - Poetik und Hermeneutik III), in: Philosophische Rundschau 18 (1971), S. 54-62, hier S. 62. - Der «Poetik und Hermeneutik III« betreffende Teil der Rezension ist auch abgedruckt in Bd. 8 der Gesammelten Werke Gadamers: Ästhetik und Poetik I. Kunst als Aussage, Tübingen 1993, S. 65-69.

3 Odo Marquard: Exile der Heiterkeit, in: Poetik und Hermeneutik VII: Das Komische, hg. von Wolfgang Preisendanz und Rainer Warning, München 1976, S. 133-151, hier S. 146. Vgl. auch Odo Marquard: Kunst als Kompensation ihres Endes, in: Ästhetische Erfahrung. Kolloquium: Kunst und Philosophie. Bd. 1, hg. von Willi Oelmüller, Paderborn 1981, S. 159-168.

griechische Gesichtspunkt der klassischen Kunstreligion der Schönheit durch den biblisch-christlichen Gesichtspunkt des Heils überboten wurde, mußte – als primär nicht heilsnotwendige – die Kunst sich in den Dienst des Heils begeben oder abtreten: beides besiegelt das Ende der Kunst.

Ich habe aus Gadamers Kritik von 1971 ziemlich bald Konsequenzen gezogen, die vermutlich Gadamer selber nicht gezogen hätte. Inhaltlich lief es darauf hinaus: Hegels Satz vom Ende der Kunst gehört in das Ensemble der eschatologischen Sätze der biblischen Religion, er gehört zur eschatologischen Weltnegation bis hin zu ihren Säkularisierungen, den revolutionären Geschichtsphilosophien. Chronologisch bedeutet es: das Initialdatum des Endes der Kunst sind nicht die Jahre der ästhetischen Kunst seit dem Beginn der modernen Versachlichungswelt bis in die Gegenwart, sondern die Anfangsjahre des ersten Jahrhunderts post Christum natum. Das Ende der Kunst kommt so nicht nach, sondern – und zwar deutlich – vor der Ära der ästhetischen Kunst. Erst kommt das Ende der Kunst und dann die ästhetische Kunst, und keineswegs umgekehrt. Zur Weltbewahrung gegen den eschatologischen Weltverlust mußte die Kunst – gegen die Zumutung, zur eschatologischen Weltnegation zu werden, zur ancilla salutis – die Anstrengung auf sich nehmen, sich zur ästhetischen Kunst zu verwandeln, also zu werden, was sie niemals vorher war: autonome Kunst. Die ästhetische – autonome – Kunst ist die Verteidigung der Kunst gegen ihr Ende. Und diese ästhetische – autonome – Kunst ist die Kunst einer geschichtlichen Formation: als Kunst des modernen Bürgertums.

II.

Der Schönheitstext von Hans-Georg Gadamer erzählt – wenn ich es richtig sehe – die Verfallsgeschichte der schönen Kunst, zugleich mit einigen Anzeichen der Hoffnung.

Die schöne Kunst, schreibt Gadamer, wird modern überflügelt durch die «nicht mehr schöne Kunst». Er benennt Stationen dieses Angriffs auf das Schöne: das «Charakteristische» der Romantiker, die «Ästhetik des Häßlichen» von Rosenkranz, den «Naturalismus» und die «Zertrümmerung alter Formen», den «Kubismus» und «Expressionismus». Die schöne Kunst wird zur Kunst eines musealen Klassizismus: sie traut sich nur noch in die Gegenwart als «blasser Klassizismus». Der Schönheitsbegriff wird zur «Herausforderung» der «progressiven Tendenzen der wirklich schöpferischen Künstler». Die «Ästhetiker sprechen mit Stolz von den ‹nicht mehr schönen› Künsten». Der Schönheit - das ist das Resultat dieses Niedergangs - geht es nicht mehr gut. Diese Verfallsgeschichte des Schönen und der schönen Kunst hängt - wenn ich Gadamer richtig lese - zusammen mit der Verfallsgeschichte durch das Bürgertum, durch das man «sich in eine immer fremder werdende Welt ausgesetzt findet». «So ging neben der eigentlichen Entwicklung des sozialen und politischen Lebens im Zeitalter des liberalen Fortschritts, der Entfaltung der Industrie und der Großmachtpolitik ein Bildungsgeschehen einher», das «den Verfall des Schönheitsbegriffs herbeiführte. Er ist ein Opfer des Bildungsbürgertums.» Zur Verfallsgeschichte des Schönen gehört die Verfallsgeschichte durch das Bürgertum. Und wenn es Hoffnung gibt für das Schöne, und Gadamer nennt ausführlich Anzeichen für diese Hoffnung, dann liegen sie in der Überwindung jener Verfallsgeschichte, die das Bürgertum ist. Die Hoffnungen für die schöne Kunst liegen in der Überwindung des Bürgertums.

Hier - bei dieser verhalten antibürgerlichen These - muß man Einspruch erheben gegen Gadamer: das jedenfalls meine ich. Denn es war doch die moderne bürgerliche - ästhetische, autonome - Kunst, die die Kunst gegen das Ende der Kunst festhielt. Jedenfalls war das meine Fortsetzung einer der zentralen Gadamerschen Thesen. Das impliziert die schöne und die nicht mehr schöne Kunst und die Apologie der Bürgerlichkeit. Darum führt die ästhetisch-bürgerliche Kunst durchweg zu einer doppelten Ästhetik. Dem präludiert im 17. Jahrhundert in Frankreich die «Querelle des anciens et des modernes» und in England die Opposition der «ideas» des «beautiful» und des «sublime». Es wird durch den Auftritt der «Ästhetik» in der zweiten Hälfte des 18. Jahrhunderts zur querelle allemande: die doppelte Ästhetik regiert die Ästhetik der Goethezeit und die ästhetischen Grundoppositionen bei Friedrich Schlegel und Schiller. Und sie beherrscht die Geschichte der Ästhetik von Kant - mit der Analytik des Schönen und des Erhabenen - über Hegel - mit der ästhetischen Opposition des Klassischen und des Romantischen - und Nietzsche - mit der Opposition des Apollinischen und des Dionysischen - bis zu Gadamers Klassizismus des Schönen, durch die er ein «ancien» wurde, und Adornos Negation des «Naiven», durch die er ein «moderne» ist.

So führt die moderne bürgerlich-ästhetische Kunst stets zur doppelten Ästhetik. Zu dieser bürgerlich pluralen Ästhetik gehört zugleich die Apologie des Schönen und die Apologie des nicht mehr Schönen, der Avantgarde. Dabei hat Hans Robert Jauß - vor allem auch in seinen Arbeiten über die «Querelle»[4] - gezeigt, daß das Resultat dieser bis heute fortdauernden «Querelle» nicht der Sieg einer Seite, sondern die Relativierung beider Seiten ist: die Geburt des historischen Sinns. Durch den historischen Sinn formuliert die ästhetische Theorie zugleich die komplizierten Beziehungen zwischen dem Schönen und dem nicht mehr Schönen und eine gewisse Gleichwertigkeit beider. Und durch den historischen Sinn zeigt sich zugleich: das Schöne geht nicht ohne das nicht mehr Schöne, das nicht mehr Schöne geht nicht ohne das Schöne, und beides braucht das Bürgerliche und muß es wollen, um die plurale Ästhetik zu halten und zu befestigen. Denn die bürgerliche Welt ist eine oppositionshaltige Welt. Sie ist - und sichert das institutionell - stets auch noch die Opposition zu sich selber: als Welt der Gewaltenteilung - der Skepsis - auch gegen das Schöne durch das nicht mehr Schöne, und auch gegen das nicht mehr Schöne durch das Schöne. Wichtiger als die Verfallsgeschichte des Schönen und wichtiger als die Verfallsgeschichte des Bürgertums ist die moderne Aufstiegsgeschichte des Bürgertums - seine Fortschrittsgeschichte - und die Einsicht: das Schöne ist nicht zu haben ohne das Nichtschöne. Auch so kann man von Hans-Georg Gadamer lernen: indem man ihm widerspricht.

*Gießen, August 2006*

4 Vgl. Hans Robert Jauß: Ursprung und Bedeutung der Fortschrittsidee in der ‹Querelle des Anciens et des Modernes›, in: Die Philosophie und die Frage nach dem Fortschritt, hg. von Helmut Kuhn und Franz Wiedemann, München 1964, S. 51-72.

Warren Breckman

# Konzeption und Geschichte des *Journal of the History of Ideas*

*Es dürfte nicht wenig zum wissenschaftlichen Erfolg und zur intellektuellen Lebendigkeit der Ideengeschichte im angloamerikanischen Raum beigetragen haben, daß sie sich von früh an auf ein exzellentes Periodikum stützen konnte: Arthur O. Lovejoys Gründung, das seit bald siebzig Jahren erscheinende Journal of the History of Ideas, hat als Forum für ideen-, geistes- und kulturgeschichtliche Untersuchungen, ihre methodologische Begründung und philosophische Reflexion Maßstäbe gesetzt. Wir freuen uns, Warren Breckman, seit 2005 Mitherausgeber des Journal of the History of Ideas, für ein Porträt der Zeitschrift gewonnen zu haben.*

Seit seiner Gründung im Jahre 1940 ist das *Journal of the History of Ideas (JHI)* die wichtigste Zeitschrift für Ideen- und Geistesgeschichte im englischsprachigen Raum. Programmatisch umfaßte sie von Beginn an sämtliche Epochen und geographischen Räume und spielte eine zentrale Rolle in der Etablierung einer Disziplin, für die im Deutschen weder sprachlich noch fachlich bislang ein wirkliches Äquivalent existiert: *intellectual history.* In den sieben Jahrzehnten seiner Existenz hat das *JHI* bemerkenswerterweise nur zweimal den Herausgeber gewechselt: Zum ersten Herausgeber wurde der Philosoph Philip Wiener ernannt, der dieser Aufgabe über vierzig Jahre lang nachkam. Erst 1985 trat er sein Amt an Donald R. Kelley ab, der die Geschicke des *JHI* für weitere zwanzig Jahre bestimmen sollte. Im Juli 2005 wechselte die Leitung nun zum zweiten Mal, wobei mit Martin Burke, Anthony Grafton, Ann Moyer und dem Autor dieses Aufsatzes erstmals ein Team die Herausgeberschaft der Zeitschrift übernahm. Wie Kelley, so sind auch die vier neuen Herausgeber allesamt Historiker, deren fachliche Kompetenz die europäische und amerikanische Ideengeschichte von der Renaissance bis zur Gegenwart umfaßt.

Im Gegensatz zu der führenden Rolle der Historiker seit 1985 dominierten Philosophen die erste Phase des *JHI*. Damals erschien eine historische Annäherung an die Philosophie als ein ebenso wichtiges wie fehlendes Korrektiv zu den beiden bestimmenden Tendenzen des Faches, nämlich Idealismus und Pragmatismus. Die Ablösung der Philosophengarde durch die Historiker brachte unweigerlich Kursänderungen mit sich, doch waren diese geringer, als man vielleicht erwartet hätte.

Das *JHI* zeichnet sich durch ein hohes Maß an Kontinuität aus, was jedoch keineswegs als Indiz für eine monolithische Struktur von Zeitschrift oder Disziplin gewertet werden sollte. Im Gegenteil: Der Charakter des *JHI* wird seit seiner Gründung durch ein durchaus flexibles und gleichsam ökumenisches Konzept geprägt. Im Leben der Zeitschrift spiegeln sich auch die starken Veränderungen, welche die wissenschaftliche Landschaft in den vergangenen sieben Dekaden neu geformt haben: Moden kamen und gingen und mit ihnen deren intellektuelle Gurus; zugleich veränderten neue Denkansätze die Theorie und Praxis von *intellectual history* grundlegend. Die größte Herausforderung für das neue Herausgeberteam ist es daher, bedeutende wissenschaftliche Traditionen fortzusetzen und gleichzeitig neue Impulse der Geschichtswissenschaft aufzunehmen.

## I.

Die treibende Kraft hinter der Gründung des *JHI* war der Philosoph Arthur Lovejoy, dessen historische und methodologische Schriften einen bestimmenden Einfluß auf die junge Disziplin und ihre Formierung ausübten. Obwohl die Zeitschrift – wie auch das Konzept der «Ideengeschichte» – aufs Engste mit der Person des Philosophen verbunden war, fungierte das *JHI* dennoch nie, auch nicht zu Lovejoys Lebzeiten, nur als ein Sprachrohr für sein intellektuelles Programm. Auch dominierte Lovejoy die nordamerikanische Szene niemals in solchem Maße, daß man sein Werk mit einem «amerikanischen» Stil von *intellectual history* gleichsetzen könnte. Selbst Lovejoys bevorzugter Name für «sein» Fach, nämlich *history of ideas* (Ideengeschichte), wird heute nur noch selten verwendet, da die Mehrheit der Historiker darin eine Auffassung ausgedrückt sieht, welche die Gegenstände der Disziplin als autonome und reine Abstraktionen des Geistes definiert. Dagegen impliziert der heute gebräuchliche Begriff *intellectual history* eine Auffassung von Ideen als Argumenten und Diskursen, die innerhalb spezifischer Kontexte, Institutionen und kultureller Praktiken formuliert und wirksam geworden sind. Trotz dieser Vorbehalte ist es höchst aufschlußreich, eine Diskussion der *intellectual history* mit Lovejoys Projekt einer Zeitschrift für die Geschichte von Ideen zu beginnen.

Lovejoy benutzte das Konzept der «Ideengeschichte» erstmals 1919; vier Jahre später rief er an der Johns Hopkins University, wo er als Philosophieprofessor lehrte, den «History of Ideas Club» ins Leben. Dieser Klub traf sich monatlich, um Beiträge von Mitgliedern wie von Gästen zu diskutieren. Unter den regelmäßigen Teilnehmern befanden sich keineswegs nur Philosophen, sondern von Anfang an Geisteswissenschaftler aller Fachrichtungen. Die Form des Klubs war dabei Programm; sie verkörperte ein Ideal der Geselligkeit und der Kommunikation über disziplinäre Grenzen hinweg und spiegelte damit jenes Bekenntnis zur Interdisziplinarität, das einen Grundpfeiler des Lovejoyschen Konzepts von Ideengeschichte bildete. Die bekannteste Definition der Disziplin findet sich in Lovejoys bedeutendster Arbeit, dem 1936 erschienenen Buch *The Great Chain of Being:* «Unter Ideengeschichte verstehe ich etwas, das enger und doch zugleich umfassender ist als Philosophiegeschichte. Sie zeichnet sich in erster Linie durch die Art der Gegenstände aus, mit denen sie sich befaßt.»[1] Diese Gegenstände sind die so genannten «unit-ideas» («Elementarideen»), die nach Lovejoys Überzeugung als fortdauernde intellektuelle Motive und grundlegende philosophische Konzepte das Fundament der Geschichte menschlichen Denkens bilden. Unter Rückgriff auf chemische Metaphern beschrieb Lovejoy den Ideenhistoriker als eine Art analytischen Chemiker, welcher den Grundelementen nachspürt, die sich in der gesamten Geschichte des menschlichen Denkens zu immer neuen Kombinationen verbinden.

Lovejoys «analytische» Methode blieb nicht ohne Kritiker. 1944 setzte Leo Spitzer Lovejoys Konzept der *Ideengeschichte* das Konzept der *Geistesgeschichte* entgegen. In diesem sah Spitzer ein holistisches Prinzip verkörpert, das in seinen Augen alle kulturellen Phänomene «durch einen gewissen *Geist*» zusammenhielt. Spitzer verwies seine Leser auf eine deutsche Tradition, verkörpert von «einem Burckhardt, einem Dilthey, einem Simmel, einem Weber, einem Tröltsch [sic]», die danach strebten, «Ganzheiten zu sehen, ein Ganzes in Verbindung zu einem anderen zu setzen, statt von ihren Ganzheiten losgelöste Teile zu kombinieren.»[2] Ironischerweise war Lovejoy nicht nur eng mit dieser Tradition vertraut, er hatte sogar mit ihren zeitgenössischen Vertretern, wie etwa mit Ernst Cassirer, zusammengearbeitet. Zudem leitete er sein Programm, die Geschichte von «Elementarideen» nachzuzeichnen, ganz ausdrücklich von einem deutschen Denker ab, nämlich von Wilhelm Windelband.[3] Doch Lovejoys unglücklich gewählte chemische Metapher ist in keiner Weise Ausdruck eines trockenen und simplifizierenden Reduktionismus. In Wirklichkeit betonte Lovejoy wiederholt, daß «beinahe alle großen Stichworte ... zweideutig – oder vielmehr vieldeutig» sind, woraus sich für ihn die Notwendigkeit eines sorgfältigen Studiums der «Rolle von semantischen Verschiebungen, Uneindeutigkeiten und Verwechslungen» ergab.[4] Zudem insistierte er darauf, daß der Historiker auch nicht-rationale Faktoren – wie «endemische Annahmen», «unbewußte geistige Gewohnheiten» und «metaphysisches Pathos» – bedenken müsse, welche allesamt starke Bindungen an bestimmte Ideen herstellen könnten.

Lovejoy eröffnete die erste Nummer des *JHI* mit einem programmatischen Aufsatz, in dem er eine Vision der Zeitschrift als Bollwerk gegen jene Tendenz zu engstirniger akademischer Spezialisierung entwarf, die er als Nemesis der modernen Wissenschaft betrachtete. «Ein Vorurteil, eine Kategorie, ein Postulat, ein dialektisches Motiv, eine bedeutungsschwangere Metapher oder Analogie, ein ‹heiliges Wort›, die Stimmung eines Gedankens oder ein explizites Dogma, das zunächst nur in einem der herkömmlicherweise unterschiedenen Teilbereiche der Geschichte in Erscheinung tritt, [...] mag, und tut dies häufig, in ein Dutzend anderer übergehen.»[5] Die Untersuchung derart beweglicher Einheiten verlangte nach einem enzyklopädischen Programm und nach der Kooperation vieler Disziplinen. In seiner Anlage nahm das *JHI* somit das Interdisziplinaritätsideal des «History of Ideas Club» auf. Allerdings wurde die Ideengeschichte weder bloß als Hilfsdisziplin der verschiedenen historischen Disziplinen verstanden noch schlichtweg als Summe interdisziplinärer Untersuchungen. Vielmehr betrachte Lovejoy sie als krönende Form historischen Wissens. In diesem Sinne verkündete er - mit unmißverständlich idealistischem Grundton - den *homo sapiens* als «Helden» der Geschichte. Aus diesem Grund sei es «die generelle Aufgabe von *intellectual history* [...], so weit als möglich das denkende Tier darzustellen, wie es seiner charakteristischsten Tätigkeit - manchmal mit glücklichen, manchmal mit verheerenden Folgen - nachgeht.»[6] Das Gründungsjahr des *JHI,* 1940, mag auch erklären, warum Lovejoy dieses historiographische Programm mit einer eher pessimistischen philosophisch-anthropologischen Fragestellung verband: «Es muß jedem offenkundig sein, daß das Problem der menschlichen Natur das schwerwiegendste und grundlegendste unserer Probleme ist, daß die Frage, welche mehr als jede andere nach Antworten verlangt, die Frage ist, ‹Was ist bloß mit dem Menschen los?›»[7]

Wenn man die nachfolgende Geschichte des *JHI* betrachtet, so wird deutlich, daß die Zeitschrift diesem Programm durchaus ambivalent gegenüberstand: Zum einen widmeten sich nur wenige Artikel der Aufgabe, «unit-ideas» über lange Zeiträume zu verfolgen, und die Ideengeschichte erreichte nur selten das von Lovejoy geforderte Syntheseniveau, das seine eigenen Studien auszeichnete. Vielleicht findet sich der authentischste Ausdruck der Vision Lovejoys daher nicht in den Beiträgen des *JHI,* sondern in dem von Philip Wiener herausgegebenen *Dictionary of the History of Ideas* (1973-74), einer eindrucksvollen Sammlung von etwa 300 Artikeln, die sich im wesentlichen auf Elementarideen konzentrieren. Zum anderen waren die im *JHI* publizierten Beiträge sehr viel flexibler und vielfältiger, als es Lovejoys eigene Definition der Disziplin nahegelegt hätte. So finden sich zwar Analysen von Lehren und Ideologien, die Lovejoys starkes Interesse an

1 Arthur O. Lovejoy: Die große Kette der Wesen. Übersetzt von Dieter Turck. Frankfurt am Main 1985. S. 11. [Übersetzung berichtigt.]

2 Leo Spitzer: Geistesgeschichte vs. History of Ideas as Applied to Hitlerism, in: JHI 5, 2 (1944), S. 192, 203. Vgl. auch Lovejoy: Reply to Professor Spitzer, in: JHI 5, 2 (1944), S. 204-219.

3 Daniel J. Wilson: Arthur O. Lovejoy and the Quest for Intelligibility, Chapel Hill 1980, S. 230.

4 Lovejoy: Essays in the History of Ideas, Baltimore 1948, S. xii-xiii.

5 Lovejoy: Reflections on the History of Ideas, in: JHI 1, 1 (1940), S. 4.

6 Ebd., S. 8.

7 Ebd., S. 9.

«Definitionen» als philosophischem und historischem Werkzeug reflektieren. Es finden sich jedoch auch Untersuchungen zu intellektuellen Strömungen, die sich der Beziehung zwischen Ideen und ihren Kontexten widmen. Und es finden sich Studien zu den Praktiken von Intellektuellen, eine Forschungsrichtung, zu deren Pionieren Walter Houghton mit seinem einflußreichen Aufsatz über die englischen *Virtuosi* des 17. Jahrhunderts (1942) zählt und die gegenwärtig von meinem Mitherausgeber Anthony Grafton und dem *JHI*-Autor Martin Mulsow vertreten wird.

II.

Kurz nachdem Donald Kelley die Herausgeberschaft des *JHI* übernommen hatte, veröffentlichte er 1987 und 1990 zwei wichtige programmatische Aufsätze. Sie reagierten auf zwei neue wissenschaftliche Trends: auf den *cultural turn* und den *linguistic turn*. Diese beiden eng miteinander verbundenen Entwicklungen hatten die Geisteswissenschaften im englischsprachigen Raum in kürzester Zeit grundlegend verändert. Mit Beginn der achtziger Jahre war die marxistisch inspirierte Sozialgeschichte als Leitdisziplin innovativer historischer Forschung durch jene Form von Kulturgeschichte abgelöst worden, die Kultur als einen symbolischen Bereich versteht. Die Vertreter dieser neuen Richtung maßen dabei der Erforschung von Repräsentationsstrukturen erhöhte Bedeutung bei, da sie in ihnen nicht nur eine Wiederspiegelung von sozialen Beziehungen und Mustern menschlichen Handelns erkannten, sondern vielmehr deren Quelle. Die Sozialhistoriker der siebziger Jahre hatten die Ideen- und Geistesgeschichte wegen ihres angeblichen Elitismus und Idealismus heftig angefeindet oder sie durch eine «Sozialgeschichte der Ideen» zu ersetzen gesucht. Die *new cultural history* hingegen schien gegenüber Ideen als Gegenständen wissenschaftlicher Untersuchung offener zu sein, insofern alle Zweige historischer Forschung nun in der Geschichte von «Bedeutung» konvergieren sollten.[8] Trotz dieses Wunschbildes einer ökumenischen Annäherung drohte die generelle Betonung kultureller Repräsentationen die traditionellen Zugangsweisen und spezifischen Gegenstände der Ideen- und Geistesgeschichte nach und nach zum Verschwinden zu bringen. Warum sollten Texte, diskursive Traditionen and disziplinäre Praktiken bevorzugte Untersuchungsgegenstände sein, wenn alle Formen der Repräsentation letztlich dieselben kulturellen Prozesse sichtbar machten? Die neue Kulturgeschichte bezog ihre Anregungen – ebenso wie der *linguistic turn* – von einer eklektischen Riege zeitgenössischer Theoretiker. Das Axiom, daß uns Sprache stets gefangen hält, untergrub die Suche nach reinen Ideen oder Philosophemen, die allerdings schon Lovejoy für vergeblich gehalten hatte. Zwar geriet die Vorstellung vom autonomen Subjekt, vom souveränen, Worte und Bedeutungen vollständig kontrollierenden Autor oder von der Gleichsetzung von Bedeutung und Verfasserintention im zwanzigsten Jahrhundert nicht zum ersten Mal unter Beschuß, doch diesmal wirkte sich die Kritik auf die geschichtswissenschaftlichen Methoden aus. Im nordamerikanischen Kontext drängte Hayden White die *intellectual historians* zur Übernahme literaturwissenschaftlicher Techniken und damit zur Behandlung kanonischer Texte als rhetorischer Konstruktionen, während sich Dominick LaCapra für eine dekonstruktive, von Derrida und Heidegger inspirierte Ideengeschichte stark machte.

Angesichts dieser Herausforderungen bestechen die programmatischen Aufsätze von Donald Kelley als eine *tour de force*, in der sich freilich Zuversicht mit Befürchtungen über die Lage der *intellectual history* mischt. Trotz der Erschütterungen, die das Format kulturwissenschaftlicher Forschung grundlegend veränderten, legte Kelley großen Wert auf Kontinuität. Die Tradition der Ideengeschichtsschreibung, so argumentierte er überzeugend, sei so alt wie die westlichen Denktraditionen selbst.[9] Keine polemische Flutwelle könne die zur Tätigkeit des Denkens gehörende historische Selbstreflexion hinwegspülen. Ebenso sei eine Tradition historischer Wissenschaft, die so facettenreich ist wie das Denken selbst, weitläufig genug, um unterschiedlichsten Denkern Raum zu bieten, seien es Lovejoy und kontextualistische Kritiker wie Quentin Skinner oder John Pocock, seien es strukturalistische und poststrukturalistische Ideengeschichtler wie LaCapra und White oder Vertreter der *Begriffs-, Wirkungs- und Rezeptionsgeschichte.* Mit Blick auf die *longue durée* des Faches bestand Kelley zugleich auf der Autonomie der *intellectual history* als eines «historischen Handwerks» mit eigenen Zielen, Werten und Fragen an das menschliche Dasein. «Die Verlockungen postmoderner Theorien und der Sirenengesang des *cultural criticism»,* so fuhr Kelley fort, «haben Wissenschaftler von ihrer eigentlichen Arbeit und ihren eigenen Traditionen abgelenkt - die weder so vernachlässigbar noch so entbehrlich sind, wie die Verehrer der neuesten Theorien annehmen. Was ich gerne im Studium der Ideen- und Geistesgeschichte wiederhergestellt sehen würde, ist ein historisches Projekt, vergleichbar jener ‹Konzeption von rationaler Untersuchung, die in einer Tradition Gestalt angenommen hat›, die Alasdair McIntyre vor kurzem für seine eigenen Zwecke empfohlen hat.»[10]

## III.

Die neuen Herausgeber des *JHI* sehen sich einer intellektuellen Landschaft gegenüber, die von eben jenen Kräften maßgeblich verändert wurde, gegen

8 Vgl. William J. Bouwsma: From the History of Ideas to the History of Meaning, in: Journal of Interdisciplinary History 12, 2 (1981), S. 279-291.

9 Dazu ferner Donald R. Kelley, The Descent of Ideas: The History of Intellectual History, Burlington 2002.

10 Donald R. Kelley: What is Happening to the History of Ideas?, in: JHI 51, 1 (1990), S. 24-25.

welche Kelley die *intellectual history* zu verteidigen gesucht hatte. Seine tiefe Beunruhigung über die Herausforderungen durch Kulturgeschichte und *linguistic turn* hat sich inzwischen weitgehend gelegt, und ihre Lehren sind im großen und ganzen aufgearbeitet. Kaum ein *intellectual historian* würde heutzutage leugnen, daß die Suche nach der referentiellen Wahrheit von Äußerungen und die Dichte der Sprache selbst gegeneinander abgewogen werden müssen und daß jeder Versuch, die Intention eines Autors zu erfassen, eben jene Macht von Diskursen und Intertextualität mitdenken muß, welche der von einem Sprecher intendierten Bedeutung vorausliegen und über sie hinausgehen. Wenige *intellectual historians* würden weiterhin behaupten, ihr Forschungsgegenstand existiere außerhalb zahlloser Wechselbeziehungen mit politischen, sozialen oder kulturellen Gegenständen und Kräftefeldern. Traditionelle philosophische und philologische Methoden spielen zwar weiterhin eine wichtige Rolle in der Praxis der *intellectual history,* allerdings in Koexistenz mit neuen, auf der «Materialität» aller kulturellen Artefakte bestehenden Ansätzen. In der Tat spricht Anthony Grafton in einem Artikel, der programmatisch den Ansatz des neuen Herausgeberteams umreißt, von einem *material turn,* der in den vergangenen zwanzig Jahren die Ideen- und Geistesgeschichte durch das Bemühen um eine Form der Geschichtsschreibung neu belebt habe, «die weniger das Lesen von Texten ins Zentrum rückt als das von Gegenständen - von Objekten, die mit kultureller Bedeutung aufgeladen sind.» [11]

In einer Phase sich vervielfältigender Methoden ist eine eklektische Haltung für eine Zeitschrift wie das *JHI* lebensnotwendig. Die theoretischen Debatten innerhalb der *intellectual history* seit den frühen achtziger Jahren verleiteten ihre Protagonisten manchmal dazu, entschieden Partei zu ergreifen; doch das *JHI* wird in der Frage der «besten» oder «richtigen» Methode für *intellectual history* keine Stellung beziehen. Eklektizismus ist stattdessen fester Bestandteil des Bekenntnisses zur Interdisziplinarität. Grundsätzlich setzt das *JHI* damit Lovejoys Gründungsvision einer Zeitschrift fort, die der Zersplitterung des Faches in Spezialgebiete entgegenwirken soll. Wie Grafton anmerkt, war die *«history of ideas»* niemals das Monopol professioneller Historiker, und so hat das *JHI* denn auch über die Jahre hinweg zahlreiche Aufsätze von Literatur- und Sozialwissenschaftlern, Kunst- und Wissenschaftshistorikern sowie Theologen und - natürlich - Philosophen veröffentlicht. Schlußendlich beruht auch das Ziel einer globalen Reichweite auf eben diesem Eklektizismus. Arthur Lovejoy bestand darauf, daß die Geschichte von Ideen keine zeitlichen oder räumlichen Grenzen kenne. Sie umfaßt die Antike ebenso wie die Moderne, Europa und Nordamerika ebenso wie jeden anderen Teil der Welt.

All dies läuft darauf hinaus, Lovejoys ursprüngliches Programm im veränderten intellektuellen Kontext der Gegenwart aufrechtzuerhalten und zu erweitern. Seine humane Vision einer interdisziplinären Erforschung der Geschichte menschlichen Denkens ist immer noch inspirierend. Der Pluralismus seines Ansatzes antizipierte die Vervielfältigung der theoretischen Perspektiven und methodischen Zugriffe, die das Feld der *intellectual history* in einer Art und Weise verändert haben, die Lovejoy nur vage erahnen konnte. Letztlich geht es den Herausgebern des *JHI,* ebenso wie ihren Kollegen von der neuen *Zeitschrift für Ideengeschichte,* um die Aktualität von Tradition(en). Historisches Wissen kann über viele Wege - direkte wie indirekte, absichtliche wie unabsichtliche - Aktualität gewinnen.

Zumeist liegen sie außerhalb des Wirkungskreises eines Zeitschriftenherausgebers, doch bin ich überzeugt, daß das *JHI* seine zeitgenössische Relevanz am besten sichern kann, wenn es ein Forum für innovative Ansätze bietet. Wir ehren damit Lovejoys ursprüngliche Vision, auch wenn wir gleichzeitig einen Kurs steuern, der über sie hinausführt.

*Aus dem Englischen von Cordula Grewe*

11 Anthony Grafton: The History of Ideas: Precept and Practice, 1950-2000 and Beyond, in: JHI 67, 1 (2006), S. 26.

Jürgen Trabant

# Ideengeschichte und Ideengeographie

*Barbara Cassin (Hg.):*
*Vocabulaire européen des philosophies.*
*Dictionnaire des intraduisibles,*
*Paris: Le Robert 2004, XXIV, 1531 S.*

«Man hat schon öfter bemerkt [...], dass, so wie man von den Ausdrücken absieht, die bloss körperliche Gegenstände bezeichnen, kein Wort Einer Sprache vollkommen einem in einer andren Sprache gleich ist. Verschiedene Sprachen sind in dieser Hinsicht ebensoviele Synonymieen; jede drückt den Begriff etwas anders, mit dieser oder jener Nebenbestimmung, eine Stufe höher oder tiefer auf der Leiter der Empfindungen aus. Eine solche Synonymik der hauptsächlichsten Sprachen, auch nur (was gerade vorzüglich dankbar wäre) des Griechischen, Lateinischen und Deutschen, ist noch nie versucht worden, ob man gleich in vielen Schriftstellern Bruchstücke dazu findet, aber bei geistvoller Behandlung müsste sie zu einem der anziehendsten Werke werden.» (Wilhelm von Humboldt, *Gesammelte Schriften,* Berlin 1903–36, VIII: 129)

Auf diese Passage aus Humboldts Einleitung zu seiner Agamemnon-Übersetzung bezieht sich Barbara Cassin, wenn sie die sprachphilosophische Grundeinstellung und die Absicht des von ihr herausgegebenen *Vocabulaire européen des philosophies* charakterisiert: Eine «Synonymik» der Wörter der Philosophie in den «hauptsächlichsten Sprachen» will das *Vocabulaire* sein. Vor allem die zugrundeliegende sprachphilosophische Einsicht Humboldts, «dass kein Wort Einer Sprache vollkommen einem in einer andren Sprache gleich ist», macht das Wörterbuch interessant und neu – und grundlegend für die Ideengeschichte. Cassin zitiert eine noch deutlichere Humboldt-Stelle aus einem Text von 1801/02: «Mehrere Sprachen sind nicht ebensoviele Bezeichnungen einer Sache; es sind verschiedene Ansichten derselben und, wenn die Sache kein Gegenstand der äusseren Sinne ist, sind es oft ebensoviele, von jedem anders gebildete Sachen.» (GS, VII: 602) Es ist Humboldts sprachphilosophischer Grundgedanke, daß die verschiedenen Sprachen die Welt verschieden «ansehen» bzw. jeweils verschiedene geistige Entitäten (als «Sachen») in die Welt setzen, also verschiedene Welten schaffen. «Begriffe», «Ideen», «Vorstellungen» oder wie immer man diese «Sachen» nennt, werden also nicht zuerst ohne Sprache gedacht und dann von dieser nur bezeichnet (das ist die alteuropäische, aristotelische Auffassung von Sprache und Denken), sondern sie werden in der Sprache «gebildet». Humboldts berühmtester Satz besagt ja, daß die Sprache das «bildende Organ des Gedanken» sei (GS, VII: 53). Und da Sprache als Pluralität, in Form verschiedener Sprachen, erscheint, werden die Gedanken, Ideen, Begriffe, Vorstellungen auch jeweils verschieden «gebildet».

Die phantastische Vielfalt der Wörter und Bedeutungen – und das ist die eigentliche philosophische Pointe – ist nun für Humboldt aber keine Katastrophe, sondern im Gegenteil ein Reichtum des Denkens: «Durch die Mannigfaltigkeit der Sprachen wächst unmittelbar für uns der Reichthum der Welt und die Mannigfaltigkeit dessen, was wir in ihr erkennen; es erweitert sich zugleich dadurch für uns der Umfang des Menschendaseyns, und neue Arten zu denken und empfinden stehen in bestimmten und wirklichen Charakteren vor uns da.» (GS, VII: 602) «Neue Arten zu denken und empfinden» feiert Humboldt – im Anschluß an Leibniz – in der Pluralität der Sprachen.

Diese positive Einschätzung sprachlicher Vielfalt teilt das *Vocabulaire européen des philosophies.* Damit setzt es sich programmatisch in Opposition zur

Philosophie selbst. Denn gegen die Semantik natürlicher Sprachen streitet die Philosophie schon seit Bacons Kritik an den *idola fori,* den Götzen des Marktplatzes, den nicht-wissenschaftlichen Bedeutungen der Wörter. Eigentlich kämpft die Philosophie sogar seit ihrem Beginn gegen die Wörter. Sprach-Kritik ist geradezu ihr Markenzeichen: «Alle Philosophie ist Sprachkritik» (Wittgenstein). Schon Platons Sokrates, der Feind der Rhetoren und Sprach-Menschen, sagt ja im *Kratylos,* daß die Wörter schlechte Abbilder der Sachen seien und daß es daher besser wäre, wenn Erkenntnis ohne Sprache vonstatten gehen könnte. Wenn sich nun ein *philosophisches* Wörterbuch auf die Humboldtsche Sprachauffassung einläßt, welche Sprache als eine Bedingung des Denkens anerkennt und Vielsprachigkeit als eine Bereicherung des Denkens betrachtet, dann ist dies schon ein bedeutsames Ereignis in der Ideengeschichte. Die Philosophie liebt die semantischen Partikularitäten der Sprachen nicht. Sie sind «a mist before our eyes», wie Locke geklagt hat, Hindernisse, die *eine* Wahrheit zu sehen, «Verhexungen» des (universalen) Denkens. Ein Wörterbuch, das die verschiedenen «Weltansichten» philosophischer Diskurse in den verschiedenen Sprachen ernsthaft als solche zu fassen versucht – der Titel deutet dies im Plural «philosophies» an –, ist geradezu ein antiphilosophischer Umtrieb. Es sündigt gegen die beiden Haupt-Konfessionen der Philosophie: gegen die universalistische analytische Sprachauffassung ebenso wie gegen die ontologische Sprachauffassung Heideggerscher Provenienz. Die einen glauben ja, die Sprache überhaupt hinter sich lassen zu können. Die anderen denken zwar aus der Sprache heraus, übersehen dabei aber deren Historizität. Heidegger reduziert noch jedes partikulare deutsche Lexem auf eine philosophische «Urbedeutung», er de-konstruiert ein – als universal vermeintes – Etymon jenseits der tatsächlichen historischen Semantik der Sprache. Die Sprache ist hier zwar die Denk-Welt, aber es gibt nur eine, nämlich eine deutsch-griechische, in der sich alle Verschiedenheit auflöst. Gegen diese beiden unhistorischen Semantik-Auffassungen positioniert sich das *Europäische Wörterbuch der Philosophien.*

Dies ist für Frankreich noch aufregender als für die deutschsprachige Philosophie. Denn das dominante Wörterbuch der französischen Philosophie ist immer noch der Lalande (vom Anfang des 20. Jahrhunderts, jetzt in der 17. Auflage). André Lalandes *Vocabulaire technique et critique de la philosophie* (Singular!) steht in der Tradition der Sprach-Kritik bzw. der Sprachfeindschaft der Philosophie. Das Wörterbuch trägt nicht von ungefähr den Ausdruck «critique» im Titel: Lalande versucht daher, universelle «Definitionen» von prinzipiell als sprachunabhängig gedachten Begriffen zu geben. Cassins *Vocabulaire* steht mit seinen beiden Bestimmungen «europäisch» und «der Philosophien» (Plural!) programmatisch dem Lalande und seiner Sprachauffassung entgegen.

Im Kontext der deutschen Philosophie relativiert sich diese Provokation des *Vocabulaire* allerdings ein wenig. Denn das 2004 abgeschlossenene *Historische Wörterbuch der Philosophie* ist sich durchaus der Sprachgebundenheit der philosophischen Begriffe bewußt, es handelt ja ausdrücklich von der Veränderung der Semantik der Termini durch den Übergang in andere Zeiten und andere Sprachen. Es ist daher auch kein Zufall, daß im *Vocabulaire* gern auf das *Historische Wörterbuch* zurückgegriffen wird. Dennoch: das französische Wörterbuch läßt sich radikaler – und anarchischer – auf die verschiedenen philosophischen Sprachen Europas ein: vor allem auf das Griechische, das Deutsche, das Englische, das Lateinische und das Italienische, aber auch auf das Spanische, das Dänische, das Russische, das Hebräische und das Arabische, ja sogar baskische, rumänische und portugiesische Einträge gibt es. Das Französische dient – wie das Deutsche im *Historischen Wörterbuch* – als Bezugs- und Metasprache und damit auch als Sprache des Gemeinsamen. Aber die nicht-französischen Wörter haben im *Vocabulaire* ein viel größeres Gewicht als die nicht-deutschen Wörter im *Historischen Wörterbuch:* ziemlich genau die Hälfte der Einträge sind nicht-französische Wörter! Beim Buchstaben G sind von siebzehn Einträgen neun deutsch, sechs französisch, einer englisch und einer baskisch. Die Freiheit erscheint in drei Sprachen: *eleutheria, liberté, svoboda,* das Gesetz gar in sieben. Die Dimension der semantischen Variation des *Historischen Wörterbuchs* ist vorrangig die Zeit, es ist ja ein «historisches» Wörterbuch. Die Variations-Dimension des *Vocabulaire* ist dagegen zuvörderst die Verschiedenheit der Sprachen, also der *Raum,* es ist ja ein «europäisches» Wörterbuch. Es ist also mindestens ebensosehr Ideengeographie wie Ideengeschichte.

Das Sich-Einlassen auf die verschiedenen Sprachen wird durch Artikel über die einzelnen philosophischen Sprachen unterstrichen, über das Deutsche, das Englische, das Französische, das Griechische, das Italienische, das Portugiesische, das Spanische und das Russische. Solche Sprach-Charakteristiken sind eine riskante Textsorte. Sie sind deswegen so gefährlich, weil sie gern in die sprachtheoretische Falle tappen, an der schon die Sprachcharakterisierungen der Vergangenheit scheiterten: in die Falle der Texte bzw. der Vermischung der Ebenen der *langue* und des *discours.* Natürlich ist das Deutsche die Sprache Hegels oder Heideggers, aber deswegen determiniert das Deutsche nicht deren Sprachgebrauch. Und umgekehrt zwingt nichts einen Deutschen, hegelisch oder heideggerisch deutsch zu sprechen oder zu schreiben. Auch Inhalte von Texten werden gern zu Eigenschaften der Sprache erklärt: So wurde das Französische, weil in ihm die Menschenrechtserklärung verfaßt wurde, die Sprache der Freiheit genannt. Daß die Franzosen die Freiheit lieben, hat aber überhaupt nichts mit ihrer Sprache zu tun. Die Linguistik hat daher entschieden auf der Trennung von Text und Struktur der Sprache insistiert. Die hier vorliegenden philosophischen Sprachcharakeristiken unterscheiden dies nicht immer klar. Der Artikel über das Deutsche ist im wesentlichen eine Charakteristik des Sprachgebrauchs Hegels. Für das Englische wird vor allem der Sprachstil Austins in Anspruch genommen, aber eben gemischt mit strukturellen Eigenschaften der *langue.* Unglücklich ist der Artikel über das Französische, in dem immer noch das Spiel des 18. Jahrhunderts gespielt wird, als man das Französische für eine «klare» Sprache hielt, deren Wortstellung dem natürlichen Gang der Vernunft enspräche. Hier ist nun die Rede von einer «Durchsichtigkeit der Prosa auf die Idee» im Französischen. Das ist die gute alte *clarté,* die von der Forschung schon lange zum ideologischen Müll entsorgt worden ist. Im Französischen dominiere – im Gegensatz zum Deutschen – die Syntax über die Semantik. Was soll das heißen? Gemeint ist wohl, daß Heidegger viel mit dem Deutschen herumetymologisiert, aber das sagt nichts über das Deutsche aus, sondern nur etwas über Heidegger. Und dann widerlegt der heideggernde Lacan-Satz «énonciation qui se dénonce, énoncé qui se renonce», den der Verfasser (Alain Badiou) hingerissen zitiert, die eigene Aussage. Hier wird – bei aller syntaktischen Einfalt – genauso dunkel aus den Lexemen geraunt wie beim deutschen Vorbild. Wie ein solcher Artikel aber gelingen kann, zeigt dagegen der schöne Beitrag über das Italienische: Remo Bodei handelt in aller Klarheit nicht von der Sprache, sondern vom philosophischen Diskurs der Italiener, also von der Art und Weise, wie italienische Philosophen sprechen, wo sie sprechen, mit wem sie sprechen, welche thematischen Präferenzen sie haben. Das «Zivile» und «Poetische», das hier ins Zentrum gerückt wird, ist ein Stil-Merkmal des philosophischen Redens in italienischer Sprache, aber kein Merkmal der italienischen Sprache. Kurzum: Diskurstraditionen sind etwas anderes als Sprachen, und nur um die ersteren sollte es hier gehen.

Diese Artikel über nationale Besonderheiten philosophischen Sprechens werden durch den Artikel von Rémi Brague ergänzt, der mit dem Hinweis auf den griechischen Ursprung der Philosophie das Gemeinsame und die Übergänge, das heißt die grundlegende Rolle von Übersetzungen, herausstellt. Das Wort *Philosophie* selbst bleibt zumeist unübersetzt in den vielen Sprachen, in die es übergeht. Das Griechische ist die Sprache, aus der sich das philosophische Denken herausarbeitet, die anderen können auf diese Quelle zurückgreifen. Brague erhellt die fundamentale Rolle des Lateinischen (dem das *Vocabulaire* keinen eigenen Artikel widmet), durch das die griechische Tradition hindurchmußte, gleichsam flankiert vom Arabischen (die Griechen sind von christlichen Syrern ins Arabische übersetzt worden) und Hebräischen. Er erinnert daran, daß die erste moderne Volkssprache der Philosophie das Katalanische (Lullus) war. Dann schließen sich das Deutsche, Italienische, Französische und das Englische an, das seinerseits nun der europäischen Polyphonie der Philosophie ein Ende zu bereiten droht.

Was das *Vocabulaire* programmatisch verdeutlicht, ist, daß Ideengeschichte immer auch historische Semantik ist, die zwei Dinge weiß: erstens daß die «Ideen» nicht unabhängig von den historischen Einzelsprachen entstehen und existieren. Es ist ja nicht so, daß der Denkende die Idee zunächst sprachlos denkt und sie dann mit einem (völlig gleichgültigen) Namen belegt, sondern «Idee» und Wort entstehen gleichzeitig – «aus dem Nichts», wie Humboldt sagt (GS, VIII: 130) – in einer bestimmten Sprache und bleiben im Verlaufe ihrer Geschichte auch aneinander gebunden. Zweitens weiß die historische Semantik aber auch, daß die Ideen nicht im Gefängnis einer Sprache gefangen sind, sondern daß sie zweifach über die Sprache hinausgehen, aus der sie stammen: Sie befreien sich durch das Denken und Sprechen des einzelnen kreativen Philosophen von der angestammten Sprach-Bedeutung, und sie gehen von der einen in die andere Sprache über und verwandeln sich notwendigerweise in der neuen Heimat und durch neues kreatives Denken. Die Zeit wird zum Raum, die Geschichte der Ideen ist auch eine Geographie der Ideen.

Daß das *Vocabulaire* sich auf den offenen Raum europäischer Semantiken einläßt, macht seinen ganz besonderen Reiz aus. Es ist daher nicht nur ein Nachschlagewerk, sondern auch eine Einladung zum philosophischen Wandern, von Begriff zu Begriff, von Sprache zu Sprache, von Denker zu Denker. Es glaubt nicht an eine – konstruierte oder ontologisch gegebene – Einheits-Semantik jenseits der Sprachen. Deswegen wird man dort nicht finden, was «die Philosophie» über «die Freiheit» sagt, wie sie Freiheit «definiert» o.ä. Es führt uns von *liberté* zu *freedom* und *liberty, eleutheria, svoboda, Willkür* und so weiter. Das *Vocabulaire* macht mit dem Ausbreiten der verschiedenen «Weltansichten» deutlich, welcher Verlust ins Haus steht, wenn die Philosophie, wozu sie sich anschickt, sozusagen wieder in die (griechische oder mittelalterliche) Einsprachigkeit zurückfällt, aus der sie die modernen europäischen Nationen befreit hatten. Diese neue «einerlei Sprache» ist vielleicht die Sprache des neuen Paradieses, also Sprache der Theologie, sie ist aber nicht die Sprache der modernen Philosophie, die in vielen Sprachen denkt.

Carsten Dutt

# Postmoderne Zukunftsmüdigkeit

## Hans Ulrich Gumbrecht verabschiedet die Begriffsgeschichte

*Hans Ulrich Gumbrecht: Dimensionen und Grenzen der Begriffsgeschichte, München: Fink 2006, 261 S.*

Unter dem ägyptisierenden, Monumentalität und Tod ineinanderblendenden Titel «Pyramiden des Geistes» leitet Hans Ulrich Gumbrecht die lange erwartete Sammlung seiner in Handbüchern und Lexika publizierten Arbeiten zur Begriffsgeschichte mit einer forschungsgeschichtlichen Bilanz ein: «Über den schnellen Aufstieg, die unsichtbaren Dimensionen und das plötzliche Abebben der begriffsgeschichtlichen Bewegung» – so der Untertitel des Essays, der den Anspruch, Übersicht zu schaffen und mit Einsichten aufzuwarten, die nicht schon als Gemeingut gelten können, attraktiv formuliert. Denn wie sollte man sich nicht für «unsichtbare Dimensionen» und deren Aufdeckung interessieren? Zumal wenn derjenige, der hier Aufdeckung verspricht, ein ausgewiesener Experte in Sachen Begriffsgeschichte ist.

Die Anfänge von Gumbrechts begriffshistorischer Sachverständigkeit liegen bekanntlich am Bodensee: in der Konstanzer Schule, die er in den frühen 1970er Jahren bei Hans Robert Jauß absolvierte. Es war Jauß, der seinen Schülern die Relevanz begriffshistorischer Untersuchungsgänge nahebrachte, indem er ihr literatur- und geistesgeschichtliches Erkenntnispotential in glanzvollen Abhandlungen zur Geschichte des Modernitätsbegriffs entfaltete. Und es dürfte wiederum Jauß gewesen sein, der Gumbrecht an Reinhart Koselleck empfahl, für dessen Großlexikon *Geschichtliche Grundbegriffe* der noch nicht Dreißigjährige den Artikel «Modern, Modernität, Moderne» verfaßte. Man freut sich, diesem bis heute nicht überbotenen Text – Kosellecks methodologischen Imperativ, begriffsgeschichtliche Forschungen für sozialgeschichtliche fruchtbar zu machen und umgekehrt, erfüllt er auf mustergültige Weise – in der vorliegenden Sammlung wiederzubegegnen. Das gilt nicht minder für den Artikel «Philosophe, Philosophie», den Gumbrecht Mitte der 1980er Jahre zusammen mit Rolf Reichardt für das *Handbuch politisch-sozialer Grundbegriffe in Frankreich 1680–1820* schrieb. Reichardt und Gumbrecht zeigen in ihrer durch hellwaches Methodenbewußtsein und die Fülle der ausgewerteten Quellen gleichermaßen bestechenden Studie, was Begriffsgeschichte als Werkzeug sozialhistorischer Erkenntnis zu leisten vermag: «Die Geschichte von *philosophe* als Grundbegriff der Aufklärung beginnt mit der Ausgliederung einer für die höfische Gesellschaft des 17. Jahrhunderts charakteristischen Interaktionsrolle aus ihrem noch ‹feudalen› Entstehungskontext und endet mit der Weichenstellung für die Eingliederung einer Berufsrolle in die bürgerliche Gesellschaft, deren institutionelle Grundlagen in Frankreich das Empire schuf. Zwischen diesen beiden Polen macht die Begriffsgeschichte von *philosophe* die Geschichte der Aufklärung erfahrbar.» Ähnlich präzise gesellschaftsgeschichtliche Aufschlüsselungen begriffshistorischer Befunde streben die übrigen Stücke der Sammlung *Dimensionen und Grenzen der Begriffsgeschichte* trotz gelegentlicher Bezugnahmen auf Zeitlagen und ihre Veränderung nicht an: «Eine Geschichte des Stilbegriffs» (aus dem Jahre 1986) und die neueren, um die Jahrtausendwende für das Wörterbuch *Ästhetische Grundbegriffe* verfaßten Übersichtsartikel «Ausdruck» und «Maß» sind Begriffsgeschichten anderen, man ist versucht zu sagen: sozialgeschichtsvergessenen Zuschnitts, nämlich – von Aristoteles bis Arthur C. Danto – auf den diachronen Verweisungszusammenhang von Höhenkammtexten konzentriert. Das jüngste und zugleich kürzeste Stück des Bandes ist die 2003 aus Anlaß der *Neubearbeitung des Reallexikons der deutschen Literaturgeschichte* (nunmehr: *Reallexikon der deutschen Literaturwissenschaft*) entstandene Skizze zur Wort- und Begriffsgeschichte von «Postmoderne». Auf nur wenigen Seiten bietet sie ein dichtes Resümee, das eine aus genauer Kenntnis der Literatur zusammengestellte Bibliographie abrundet.

Gewiß: die kleine Arbeit zeigt Gumbrecht als Historiker; gleichwohl ist deutlich, daß er auch ein engagierter Vertreter von Meinungen ist, die in populären Verwendungskontexten des Substantivs «Postmoderne» kursieren. Die professionelle Rolle des Romanisten und Komparatisten gegen die hobbyistische des Zeitdiagnostikers eintauschend, hat sich Gumbrecht ja seit geraumer Zeit wiederholt einschlägig geäußert. Folgt man diesen Äußerungen, so geht es nicht - rationalitätskritisch - um die Dialektik von Moderne und Postmoderne, sondern - zeiterfahrungstheoretisch - um ihre Trennung im Nacheinander der Mentalitäten. Gumbrecht möchte den Postmodernebegriff als «Beschreibung einer neuen Gegenwart» verstehen, welche die Moderne und das für sie konstitutive Zeiterfahrungsschema eines zukunftsgerichtet-selbstübergänglichen Gegenwartsbewußtseins hinter sich gelassen haben soll: «[...] die postmoderne Zeit ist nicht mehr - wie die moderne Zeit - ein unentrinnbarer Faktor der Veränderung. Ihre Gegenwart steht nicht mehr auf Abruf, um von immer neuen Gegenwarten abgelöst und oft auch überboten zu werden.»

Was in der begriffshistorischen Skizze aus dem Jahre 2003 noch berichtsförmig objektiviert aus der Perspektive der 3. Person behandelt wird, drängt in der neu entstandenen begriffshistoriographiehistorischen Einleitung «Pyramiden des Geistes» aus der Perspektive der 1. Person (Plural) bekenntnishaft zur Sprache: der Glaube an die «Emergenz eines postmodernen Chronotops»: «Statt in beständigem Übergang befindlich fühlen wir uns eingeschlossen in eine komplexe, alle Vergangenheiten beinhaltende und die Zukunft verweigernde breite Gegenwärtigkeit, gegenüber der uns keine Außenperspektive mehr zur Verfügung steht.» Man könnte dieses Bekenntnis und mit ihm die Rede von «Zukunftsmüdigkeit» - sie soll den für die «verschlossene Zukunft» der Postmoderne verantwortlichen «Subjekttypus» charakterisieren - auf sich beruhen lassen, würde das beschworene Syndrom nicht so massiv die Hauptsache, Gumbrechts Bilanz der begriffgeschichtlichen Bewegung, prägen. Es ist eine Bilanz im Geiste postmoderner Zukunftsmüdigkeit und als solche in zentralen Punkten verblüffend weit von ihrem Gegenstand entfernt. Zukunftsmüde spricht sie einer lebendigen und durchaus zukunftsfähigen Forschungstradition die Zukunft ab.

Noch einmal: Gumbrechts Titelmetapher blendet Monumentalität und Tod konnotativ ineinander. Sie tut das als Metapher für die lexikalischen Großleistungen begriffsgeschichtlicher Forschung in Deutschland: das *Historische Wörterbuch der Philosophie,* die *Geschichtlichen Grundbegriffe* und die ihrer Konzeption nach jüngeren, auch deutlich schlankeren *Ästhetischen Grundbegriffe.* Weshalb sollte es angemessen sein, sich auf diese Werke mit einer Pyramiden-Metapher zu beziehen? Gumbrechts Antwort: «Sie sind die monumentalen Zeugnisse aus einer abgeschlossenen Epoche der Geisteswissenschaften, die uns chronologisch zwar nicht viel ferner ist als gestern, aber intellektuell fast so weit entfernt scheint wie etwa die Renaissance oder das Barockzeitalter, das heißt: nicht unvorstellbar verschieden von der Gegenwart, aber auch nicht mehr ganz einholbar für unsere Erinnerung. Vor allem aber sind diese Bände Pyramiden, weil, was einmal vielversprechende Zukunft war, mit ihrem redaktionellen Abschluß zur vergangenen Zukunft geworden ist – und starb.» Man muß pathetische Melancholie mögen, um dem Stimmungsgehalt der zitierten Sätze etwas abzugewinnen. Zustimmen wird man Gumbrechts Aussagen allerdings auch dann nicht. Von einer «Versteinerung der lebhaften begriffsgeschichtlichen Arbeit in ein Dokument der Vergangenheit» zu reden, gibt der erfolgreiche Abschluß der großen Lexikonunternehmen keinerlei Anlaß. Es gehört ganz einfach zur Natur der Sache, daß derlei wissenschaftliche Großprojekte in mehr oder minder geraumer Zeit entweder bis zum letzten Eintrag des letzten Bandes durchgeführt werden oder aber zuvor – aus sachlichen, personellen oder finanziellen Gründen – scheitern, um fortan als Ruinen Regalraum einzunehmen. Im Falle der lexikalisch übersichtlich gemachten Begriffshistoriographie ist letzteres glücklicherweise nicht geschehen.

Begriffsgeschichtliche Lexika sind, was sie sind: Sie sammeln Forschungserträge, um valide zu informieren und weiterer Forschung zu dienen. Bei intelligenter, nämlich beziehungssinnreicher Benutzung haben sie einen Gebrauchswert, für dessen epistemische Qualität ältere und neuere Metaphern zur Verfügung stehen: die feierliche des Schatzhauses zum Beispiel oder die nüchtern technische des Werkzeugkastens. Begriffsgeschichtliche Lexika, so ließe sich mit dem Mut zur Metaphernmischung sagen, sind Schatzhäuser und Werkzeugkästen des Geistes. An Pyramiden, die Totes unzugänglich bergen, lassen sie allenfalls bei ausbleibender oder chronisch inadäquater Benutzung denken. Und die Frage «Was sollen wir heute anfangen mit den in Pyramidenferne gerückten Sedimenten unserer intellektuellen Jugend?» erweist sich, Gumbrecht selbst deutet es an, als zu persönlich gestellt.

Im übrigen kann von einem «plötzlichen *Abebben* der begriffsgeschichtlichen Bewegung während des vergangenen Jahrzehnts» nicht die Rede sein – weder national noch international. Die von 1998 von Melvin Richter ins Leben gerufene und mittlerweile geschäftsführend von Kari Palonen betreute «History of Political and Social Concepts Group» ist aktiver denn je. Seit 2005 erscheinen in italienisch-brasilianischer Kooperation halbjährlich die *Contributions to the History of Concepts,* und selbstverständlich wird auch Erich Rothackers Gründung, das altehrwürdige *Archiv für Begriffsgeschichte,* weiterhin erscheinen – wohlbestückt mit neuen Arbeiten. Theoretisch-methodologisch wie material aufschlußreiche Sammelbände treten in jüngster Zeit hinzu; man denke an Peter Thiergens *Russische Begriffsgeschichte der Neuzeit* (Böhlau 2006). Auch im Bereich der universitären und außeruniversitären Forschungsprojekte tut sich viel, etwa in den der Begriffsgeschichte der Naturerkenntnis gewidmeten Diskussionen des Kreises um Ernst Müller am Berliner Zentrum für Literaturforschung.

An diesen Entwicklungen zeigt sich Gumbrecht desinteressiert. Souverän ignoriert er den gegenwärtigen Stand und die noch unerledigten Aufgaben begriffsgeschichtlicher Forschung, zu denen auf dem Niveau lexikalischer Darstellung nicht zuletzt die Fortschreibung der *Geschichtlichen Grundbegriffe* für das politisch und eben auch begriffspolitisch so dramatisch bewegte 20. Jahrhundert gehören dürfte. (Der Erfassungszeitraum der *Grundbegriffe* endet bekanntlich – von wenigen Ausnahmen wie Kosellecks Artikel «Volk, Nation» abgesehen – um 1900.)

Mit Blick auf den «Ozean der freien Optionen», die «Zone der Simultaneitäten», zu der sich unsere intellektuelle Gegenwart postmodern «verbreitert» haben soll, konzediert Gumbrecht immerhin, daß Begriffsgeschichten «auch in der Zukunft geschrieben werden», er versieht diese erfreuliche Konzession jedoch sogleich mit dem einschränkenden

Zusatz: «nur eben nicht mehr mit denselben Hoffnungen und demselben Enthusiasmus wie vor einem Vierteljahrhundert». Dieser Zusatz ist ohne Not verzagt. Denn das Interesse an Erkenntnis, das begriffsgeschichtliche Forschung in allen Formen ihrer Spezialisierung und interdisziplinären Verflechtung trägt, hat sich – Postmoderne hin, Postmoderne her – in den letzten fünfundzwanzig Jahren nicht geändert. In begriffsgeschichtlichen Untersuchungen geht es nach wie vor jeweils darum, Genese, Wandel oder Konstanz von Begriffen bzw. Begriffsnetzen zu beschreiben und zu erklären, womit sich dann in der Regel weitere Erkenntnisabsichten verbinden: philosophiegeschichtliche zum Beispiel, wissenschaftsgeschichtliche oder sozial- und kulturgeschichtliche. Und es ist natürlich auch noch immer so, daß diese stets beim konkreten Detail (und niemals bei einem diffus vermeinten Ganzen) ansetzende Arbeit der begriffsgeschichtlichen «semantische[n] Vermittlung zwischen Gegenwart und Vergangenheit» eine «Quelle potentieller Erfahrung» ist – zum Beispiel der Erfahrung, die sich machen läßt, wenn man aus der anachronistischen Projektion gegenwärtiger Begriffsverständnisse auf vergangene heraus- und so zu wirklichem Verstehen des Anderen und des Eigenen findet. Gumbrecht erklärt diese Hoffnung auf – man darf es wohl aussprechen: hermeneutische – Erfahrung für «gestorben», ohne mehr als vage Hinweise auf «eine neue epistemologische Umwelt» zur Begründung seiner These anzubieten.

Auf der «Tagesordnung» historisch-semantischer Arbeit – erstaunlicherweise scheint es auch in der «Zone der Simultaneitäten» eine solche zu geben – sieht Gumbrecht die von Hans Blumenberg initiierte Metaphorologie an erster Stelle: «In ihr als intellektuellem Potential könnte die Tradition der begriffsgeschichtlichen Bewegung zugleich präsent und an ein Ende gekommen sein.» In der Tat: Metaphorologie ist wichtig und erfreulicherweise aktuell. Die ihr gewidmeten Tagungen mehren sich, und Planungen zu einem historischen Wörterbuch der Metaphern sind im Gange. Aber weshalb sollte man die Metaphorologie zur Nachfolge- oder Ablösungsdisziplin der Begriffsgeschichte stilisieren und nicht vielmehr beide Spielarten historischer Bedeutungsforschung in einem Verhältnis der Ergänzung und der reziproken Dienstbarkeit sehen? Blumenberg selbst – man lese doch noch einmal in den *Paradigmen zu einer Metaphorologie* oder im *Ausblick auf eine Theorie der Unbegrifflichkeit* nach – hat das getan. In Gumbrechts Bilanz der begriffsgeschichtlichen Bewegung spielen die Perspektiven der ehedem Beteiligten jedoch eine untergeordnete Rolle. Anstatt auf der Basis ihrer Vorleistungen konstruktiv nach Möglichkeiten der Zusammenarbeit von Metaphorologie und Begriffsgeschichte zu fragen – Begriffe können aus Metaphern hervor- oder in solche übergehen und Hintergrundmetaphoriken, Blumenberg hat es gezeigt, sind gleichsam transzendentale Vorgaben der in geschichtlichen Erfahrungsräumen möglichen Begriffsbildung –, schließt sich Gumbrecht den krausen Spekulationen Anselm Haverkamps an, der Joachim Ritters unter Praktikabilitätsgesichtspunkten getroffene Entscheidung, auf eine systematische Aufnahme von Metaphern in die Nomenklatur des *Historischen Wörterbuchs der Philosophie* zu verzichten, als «aggressive Abwehrreaktion» deutet und sich überdies zu der seltsamen These versteigt, Metaphorologie «hätte das Unternehmen des begriffsgeschichtlichen Wörterbuchs nicht nur ‹gesprengt›, sondern insgesamt ‹erledigt›».

Leider folgt Gumbrecht Haverkamp auch in der Durchführung des so spannend annoncierten Versuchs, ex post unsichtbare, nämlich «vor- oder halbbewußte» Dimensionen der begriffsgeschichtlichen

Bewegung sichtbar zu machen. Mit dem Ausschluß der Metaphorologie und damit jenes «Seins, das nicht zur Sprache wird und auch nicht zur Sprache werden kann» - inwiefern Metaphern Fälle «sprachlosen Seins» repräsentieren, bleibt freilich unexpliziert -, habe sich die begriffshistoriographisch führende «Generation der Kriegsteilnehmer eine bequeme Versöhnungsmöglichkeit mit der deutschen Geschichte eröffnet» und den «Habitus eines ‹Latenthaltens›» der nationalsozialistischen Vergangenheit herausgebildet. «Wohl nirgends», so Gumbrecht, war dieser Habitus «wirkungsvoller als in den von begriffsgeschichtlicher Praxis geschaffenen Monumentalwerken». Wirklich?

Klaus Kempter

# Flaschenpost aus dunkler Zeit

## Freud als Prophet und Analytiker des 20. Jahrhunderts

*Micha Brumlik: Sigmund Freud. Der Denker des 20. Jahrhunderts, Weinheim/Basel: Beltz 2006, 304 S.*
*Eli Zaretsky: Freuds Jahrhundert. Die Geschichte der Psychoanalyse. Aus dem Englischen von Klaus Binder und Bernd Leineweber, Wien: Zsolnay 2006, 621 S.*

Im Jahr 2006 häuften sich die medial inszenierten Jubiläen: Mozart und Schumann, Benn und Brecht, Heine, Beckett und viele andere verstorbene Große oder Mittelgroße mußten sich die Aufmerksamkeit der schreibenden Zunft und des lesenden Publikums teilen. Für den ideengeschichtlich Interessierten ragte aus diesem Hochgebirge aber besonders ein Gipfel heraus: Der 150. Geburtstag Sigmund Freuds machte 2006 zum Freud-Jahr, und auch dieses Jubiläum fand in allen Massenmedien statt. Es gab zahlreiche Sendungen auf den öffentlich-rechtlichen Kulturkanälen, die Tages- und Wochenzeitungen publizierten Artikel, Serien, Beilagen und Sonderhefte, die bunten Wochen- und Monatsblätter von *Spiegel* bis *Geo* klärten ihre Leserschaften über die Ideen Freuds auf, und eine Flut von mehr oder weniger neuen Büchern zum Thema Freud sprang in die Buchhandlungen.

Dabei fiel auf, daß sich mittlerweile eine Art Konsens über die Leistungen Freuds herausgebildet zu haben scheint. So ist nunmehr nicht nur anerkannt, daß sein Gedankengebäude zu den einflußreichsten unserer Moderne gehört: Die Produkte der (populären) Kultur des 20. Jahrhunderts in Literatur, Film und bildender Kunst sprechen ebenso dafür wie die ausufernde wissenschaftliche Beschäftigung mit der Psychoanalyse und vor allem die Prägung, welche die Alltagssprache durch freudianische Begriffe erfahren hat (wer benutzte nicht Ausdrücke wie «Verdrängung», «Komplex», «Trieb», «das Unbewußte» oder auch «anale Phase»¿). Darüber hinaus verwiesen, anders als jahrzehntelang üblich, die Jubiläumsautoren des 150. Geburtstags die Psychoanalyse nicht mehr in das Reich der Pseudowissenschaft, der Mythologie und Scharlatanerie, sondern proklamierten allenthalben die Aktualität und wissenschaftliche Tauglichkeit der Freudschen Konzepte, jedenfalls einiger davon.

So ist etwa Freuds in der *Traumdeutung* von 1900 ausgebreitete Erkenntnis, daß Träume verschlüsselte Wunscherfüllungen sind und daß daher die Analyse von Träumen direkt ins Unbewußte hineinführt, lange Zeit als Märchen abgetan worden. In den 1970er Jahren setzte sich, in expliziter Wendung gegen Freud, der Hirnforscher Allan Hobson mit seiner Vorstellung weitgehend durch, bei den Träumen handle es sich lediglich um die Abfuhr von Gedankenmüll. Nach intensiven neurophysiologischen Forschungen ist mittlerweile von dieser Annahme nicht mehr viel übrig. Heute gelten Träume, ganz auf Freuds Spur, wieder als Äußerungen von tiefsitzenden Wünschen; wie bedeutungsvoll diese Emanationen der menschlichen Psyche sind, bleibt freilich umstritten.

Was für die Traumtheorie gilt, läßt sich auch auf anderen Feldern beobachten: Die rasanten Fortschritte auf dem Gebiet der Neurowissenschaften und in der Hirnforschung machten Freud wieder «anschlußfähig». Führende Neurowissenschaftler, Hirn- und Gedächtnisforscher wie Antonio Damasio, Gerhard Roth, Eric Kandel, Mark Solms und

Hans Markowitsch glauben, bestimmte psychoanalytische Einsichten, die Freud intuitiv, in Selbstbeobachtung oder im analytischen Gespräch gewonnen hatte und die im positivistischen Wissenschaftsbetrieb lange Zeit als mehr oder minder plausible Spekulationen gelten mußten, nun empirisch stützen zu können. Zu diesen neurobiologisch zugänglichen Annahmen Freuds gehören diejenigen von der Relevanz des Unbewußten, von den großen Wirkungen frühkindlicher Erfahrungen, von der Resistenz von Traumatisierungen. Auf diesen Feldern scheint die neue Hirnforschung mittels bildgebender Verfahren sozusagen das materielle Substrat von seelischen Vorgängen nachweisen zu können, denen Freud, aus Mangel an effizienter Meßtechnik, noch mit Hermeneutik und literarischer Beschreibung auf den Leib rücken mußte. Der Neurowissenschaftler und Psychoanalytiker Mark Solms hat hierzu unter dem Titel «Sigmund Freud heute. Eine neurowissenschaftliche Sicht auf die Psychoanalyse» einen hochinteressanten Überblick verfaßt (in: Psyche, 60. Jg., H. 9/10, 2006, S. 820-859).

Doch diese Annäherungen von Naturwissenschaft und Psychoanalyse sollten nicht überbewertet werden. Das «Unbewußte», von dem in den neueren Neurowissenschaften die Rede ist, unterscheidet sich scharf von jenem, das Freud beschrieb; die zentrale Rolle, welche die Sexualität in der Freudschen Theorie einnimmt, findet sich in den derzeitigen neurowissenschaftlichen Untersuchungen nicht bestätigt; und auch verschiedene weitere Freudsche Thesen und Theoreme gelten heute außerhalb des Zirkels der orthodoxen Psychoanalyse als überholt oder gänzlich unwissenschaftlich. Die nächsten Jahre werden zeigen, ob Freud für die Neurowissenschaften ein Bezugsautor bleibt, ob seine «Rehabilitation» als ernsthafter Naturwissenschaftler von Dauer ist oder nicht. Ob eine solche Rehabilitation überhaupt wünschenswert ist, mag zudem von den Anhängern der Psychoanalyse bezweifelt werden - geht sie doch womöglich mit einer erheblichen Trivialisierung der in manchem eben immer noch anstößigen, skandalösen und revolutionären Lehre Freuds einher.

Unabhängig von der Zukunft der derzeit erblühenden Beziehung zwischen Neurowissenschaften und Psychoanalyse erlebte das Jubiläumsjahr zahlreiche Versuche, die Geschichte des Freudschen Lebens und Denkens zu rekonstruieren. Dabei gibt es bei den biographischen Annäherungen einige Vertiefungen (mit den Arbeiten von Katja Behling, Annette Meyhöfer, Linde Salber - über *Freud und die Frauen* - sowie Barbara Sternthal), teils auch neue kritische Einwürfe im Stil des altbekannten Freud-Bashing (Eva Weissweiler, *Die Freuds. Biografie einer Familie*), die umfangreiche Standard-Biographie Peter Gays bleibt jedoch unangefochten. Zwei erstmals veröffentlichte ältere Manuskripte von Verwandten Freuds bieten Einblicke aus einer relativen Nah-Sicht (Freuds Schwester Anna Freud-Bernays und seine Nichte Lilly Freud-Marlé). Manfred Pohlen publizierte die Protokolle einer Analyse Freuds aus der Feder des Analysanden und späteren Daseinsanalytikers Ernst Blum. In viele Richtungen weiterführend sind zahlreiche Aufsätze im Freud-Sonderband von *Psyche - Zeitschrift für Psychoanalyse und ihre Anwendungen* (Heft 9/10, 2006), und als Nachschlagewerk zweifellos höchst nützlich ist das von Hans-Martin Lohmann und Joachim Pfeiffer herausgegebene *Freud-Handbuch*. Zudem gibt es neue Quelleneditionen: Sigmund Freuds Briefwechsel mit seiner Schwägerin Minna Bernays sowie mit seiner Tochter und wissenschaftlichen Erbin Anna.

Zu den wichtigsten Publikationen des Jubiläumsjahrs gehören sicherlich die Sozialgeschichte der Psychoanalyse *Freuds Jahrhundert* von Eli Zaretsky, die unter dem Titel *Secrets of the Soul: A Social and Cultural History of the Psychoanalysis* 2004 in New York im Original erschien, und Micha Brumliks intellektuelle Biographie über den *Denker des 20. Jahrhunderts*. Das Buch von Zaretsky ist dabei das systematischere, vollständigere, eben eine chronologisch geordnete Geschichte der Lehre Freuds, der psychoanalytischen Bewegung und der theoretischen Verzweigungen, die noch zu Lebzeiten des Gründungsvaters, vor allem aber nach seinem Tod die Weiterentwicklung der Psychoanalyse charakterisierten. Dabei handelt es sich nicht um eine kontextabstrakte Ideengeschichte alten Stils, sondern Zaretsky bettet die Psychoanalyse in die Sozialgeschichte ihrer Zeit ein: in die Geschichte der «zweiten Industriellen Revolution», der fordistischen Produktions- und Konsumgesellschaft, in die Gesellschaftsgeschichte Zwischenkriegseuropas und in die Historie des «Goldenen Zeitalters» nach 1945, der Epoche des stetigen Wirtschaftswachstums und Sozialstaatsausbaus. Er untersucht die Geschichte der freudianischen Theorieentwicklung unter Berufung auf Max Weber und dessen Protestantismus-Studie, doch in bisweilen eher marxistisch anmutender Weise, mit Blick auf ihre Abhängigkeit von den Fortschritten der Industriegesellschaft – ausgehend von der Annahme, daß erst die steigende Surplus-Produktion seit dem späten 19. Jahrhundert für breitere Schichten der Bevölkerung jenes «persönliche Leben» ermöglicht hat, das dann zum Gegenstand psychoanalytischen Reflektierens wurde. Und er führt die gewaltige Wirkung der Psychoanalyse im 20. Jahrhundert darauf zurück, daß sie für die «zweite industrielle Revolution» eine ganz ähnliche Rolle gespielt habe wie seinerzeit – jedenfalls in Max Webers Darstellung – der Kalvinismus für die ursprüngliche Industrialisierung: die Psychoanalyse also als treibende mentalitätshistorische Größe bei der Herausbildung der modernen Massenkonsumgesellschaft!¿

Diese in die allgemeine Geschichte des Zeitalters eingebettete Geschichte der Psychoanalyse, die Zaretsky zufolge zwischen den Polen Vereinnahmung, Anpassung, Affirmation auf der einen, gesellschaftlicher Marginalisierung, Sektenbildung und Rebellion auf der anderen Seite pendelt, ist gelungen. Die Genese des Freudschen Denkens aus älteren psychologischen und medizinischen Ansätzen, Freuds große Entdeckungen von der Traumdeutung und den Sexualtheorien über den Narzißmus und den Todestrieb bis hin zu den metapsychologischen Modellen sind ebenso plausibel geschildert wie etwa die Parteibildungen innerhalb der Bewegung, die Spaltungen und Rivalitäten und die unterschiedlichen Institutionalisierungsbemühungen. Zaretsky stellt, immer mit Blick auf realhistorische, materielle Entwicklungen, die Genese der verschiedenen psychoanalytischen Theoreme dar, so etwa den Wechsel von einer patri- zu einer eher matrizentrischen Betrachtung, der unter dem Druck der neuen Familienstrukturen der zwanziger Jahre erfolgt sei, die Durchsetzung der britischen Objektbeziehungstheorie in den sozialstaatlichen Schüben nach dem Zweiten Weltkrieg oder die Vorherrschaft einer sterilen und statischen Ich-Psychologie samt einer schematischen und etwas spießigen Vorstellung von menschlicher Reife, wie sie vor allem in den USA der 1950er Jahre entwickelt wurde. Zudem nimmt der Autor auch Randgebiete in den Blick und informiert immer wieder über die Entwicklungen abseits der Zentren – so etwa über die Sowjetunion oder Lateinamerika.

Als kompakte und zugleich hinreichend ausführliche Überblicksdarstellung zur Geschichte der Psychoanalyse ist das Buch von Zaretsky, soweit der Rezensent sehen kann, derzeit unübertroffen. Zweifelhaft ist indes der Wert seiner Grundidee, der Parallelisierung der Psychoanalyse mit Max Webers Kalvinismus. Weber hatte den Geist des Protestantismus nicht für ein Überbauprodukt des werdenden Kapitalismus, sondern für die grundlegende formative Kraft der neuen ökonomisch-sozialen Ordnung gehalten. Ähnliches für die Psychoanalyse plausibel zu machen, gelingt Zaretsky nicht. Allenfalls im Hinblick auf die Zeit nach dem Zweiten Weltkrieg, und hier bezogen auf die Entwicklung der Konsumgesellschaft in den USA, ließe sich womöglich eine derart formative Wirkung der Psychoanalyse behaupten – dies jedoch nicht für den ursprünglichen Freudianismus, sondern für eine Ich-Psychologie, die innerhalb der Geschichte der Psychoanalyse nur eine bestimmte Spielart darstellt und in der historischen Gesamtschau nicht als vorherrschendes Paradigma gelten kann.

Micha Brumliks Arbeit ist keine Geschichte der psychoanalytischen Lehre, sondern soll die «Essenz» des Freudschen Denkens beschreiben, die sich nach Brumliks Auffassung in Freuds pessimistischem, den Massen- und Massenvernichtungsgesellschaften des 20. Jahrhunderts adäquatem Menschenbild findet. Der tief im 19. Jahrhundert geborene und im österreichischen bürgerlichen Liberalismus verwurzelte Freud ist für Brumlik *der* Denker des 20. Jahrhunderts; dies nicht nur, weil er eine der prominentesten Theorien des Säkulums begründet hat, sondern auch als derjenige, der das Wesen des Menschen in der Moderne auf ähnlich fundamentale Weise erfaßt hat wie zu ihren Zeiten die paradigmatischen Denker Platon, Paulus und Descartes. Brumlik sieht im Mittelpunkt von Freuds Anthropologie die Herrschaft des Unbewußten über die menschliche Rationalität. Und im Zentrum dieses Bezirks des Unbewußten stehen nicht allein Libido und Begehren, sondern vor allem die «eigentümliche Neigung zum Tod, zum massenhaften, gewaltsamen Töten und Sterben», die im 20. Jahrhundert so massiv zutage getreten ist.

Im Durchgang durch die zentralen Werke rekonstruiert Brumlik Freuds allmählich sich verdunkelndes Menschenbild. Noch «in den letzten Monaten des langen [und vergleichsweise glücklichen; K.K.] 19. Jahrhunderts», im Jahre 1913, war Freud über seine Sexualtheorie und den ödipalen Konflikt bei einem «wissenschaftlichen Mythos» angelangt, der von der rousseauistischen und bürgerlich-idealistischen Vorstellung vom Menschen nicht mehr viel übrig ließ. In *Totem und Tabu* postulierte er die kulturbegründende und für die Menschheitsentwicklung konstitutive Macht des gemeinschaftlichen Vatermords. Doch der Erste Weltkrieg, die vielbeschworene Urkatastrophe des katastrophalen 20. Jahrhunderts, schärfte seinen Blick auf die menschliche Aggressionsneigung und -lust noch einmal, bis er den Todestrieb als neben dem Eros gleichrangige unbewußte psychische Macht in seiner Theorie etablierte. Seine kulturtheoretischen Schriften, vor allem *Das Unbehagen in der Kultur* von 1930, und seine unter dem Eindruck des aufkommenden Faschismus entstandenen gruppenpsychologischen Überlegungen – etwa schon in *Massenpsychologie und Ich-Analyse* von 1921 – weisen Freud zunehmend als einen Aufklärer aus, der sich darüber im klaren ist, wie fragil die bürgerlich-zivilisierte Welt in jedem Augenblick ist und daß nur das stete Sich-Bewußt-Machen der eigenen, individuellen, aber auch der gesellschaftlich-kulturellen Destruktivität eine – fallible – Versicherung gegen die Barbarei sein kann. In diesem Zusammenhang wendet sich Micha Brumlik mit seinem Gewährsautor Freud gegen idealistische und politisch-romantische Vorstellungen einer Befriedung der menschlichen Verhältnisse durch eine naturwüchsige Vervollkommnung des Menschengeschlechts oder durch einen Umschwung der äußeren Geschichte. Mit Freud und ganz pessimistisch wendet er gegen eine naive Aufklärung und gegen den klassischen bürgerlichen Idealismus, gegen die Träume auch der einstmals Neuen Linken von 1968 - etwa des Linksfreudianers Marcuse - ein, daß mit dem Verschwinden der Eigentumsunterschiede doch nur einer von vielen Motivationsgründen der menschlichen Aggression und des menschlichen Unglücks beseitigt würde - zudem einer, der wenigstens in Maßen geeignet ist, diese Aggression zu sublimieren und die blanke Gewalt zu verhüten.

Diese pessimistische Essenz von Freuds anthropologischem Denken bleibt, wie jeder weiß, auch nach dem Ende des Freudschen Jahrhunderts aktuell: Der 11. September 2001 könnte ein Fanal dafür gewesen sein, daß die leise Stimme der Vernunft, in die Freud noch einige Hoffnung setzte, die Selbstaufklärung der Individuen und der Gesellschaften über ihr barbarisches Innenleben, im 21. Jahrhundert ähnlich geringe Chancen haben könnte wie in der ersten Hälfte des 20. Diese einigermaßen trübe Aussicht ist es, die das Buch von Brumlik, welches an das vergangene Jahrhundert als «Zeitalter der Katastrophen» (Eric Hobsbawm) erinnert, derzeit wichtiger erscheinen läßt als dasjenige von Zaretsky, der sich vom Glanz des «Goldenen Zeitalters» nach 1945 (ebenfalls Hobsbawm) geblendet zeigt.

# Die Autoren

Martin Bauer
geb. 1956, ist Redakteur der Zeitschrift *Mittelweg 36* des Hamburger Instituts für Sozialforschung.

Warren Breckman
ist Associate Professor for Modern European Intellectual and Cultural History an der University of Pennsylvania, Philadelphia, und seit Juli 2005 geschäftsführender Redakteur des *Journal of the History of Ideas*. Er ist Autor von *Marx, the Young Hegelians, and the Origins of Radical Social Theory* ($^{2}$2001).

Carsten Dutt
geb. 1965, ist wissenschaftlicher Mitarbeiter des Deutschen Literaturarchivs Marbach. Zuletzt erschien von ihm als Herausgeber der Band *Die Schuldfrage. Untersuchungen zur geistigen Situation der Nachkriegszeit* (2007).

Jost Philipp Klenner
geb. 1979, ist Wissenschaftlicher Mitarbeiter in dem von der Fritz Thyssen Stiftung geförderten Projekt «Bildwissenschaft zwischen Georgekreis, Kulturwissenschaftlicher Bibliothek Warburg und dem Institute for Advanced Study in Princeton».

Klaus Kempter
geb. 1964, ist Historiker und Geschäftsführer der Neuphilologischen Fakultät der Universität Heidelberg. Seine wichtigsten Veröffentlichungen sind: *Die Jellineks 1820-1955. Eine familienbiographische Studie zum deutschjüdischen Bildungsbürgertum* (1998) und *Bildung und Wissensgesellschaft* (2006; Hg. mit Peter Meusburger).

Helmut Lethen
geb. 1939, war von 1977 bis 1995 Associate Professor an der Rijksuniversiteit Utrecht und bis 2004 Professor in Rostock. 1994 erschien *Verhaltenslehren der Kälte*, 2006 *Der Sound der Väter*.

Odo Marquard
geb. 1928, lehrte bis zu seiner Emeritierung 1993 Philosophie in Gießen. Zu seinen bekanntesten Büchern zählen *Schwierigkeiten mit der Geschichtsphilosophie* (1973), *Abschied vom Prinzipiellen* (1981) sowie *Skepsis und Zustimmung* (1994).

Ulrich Raulff
geb. 1950, leitet das Deutsche Literaturarchiv Marbach. 2006 erschien von ihm (als Herausgeber) *Vom Künstlerstaat. Ästhetische und politische Utopien.*

Andreas Urs Sommer
geb. 1972, lehrt Philosophie mit besonderer Berücksichtigung der Philosophiegeschichte an der Universität Greifswald. Seine jüngsten Buchveröffentlichungen sind: *Sinnstiftung durch Geschichte?* (2006) und *Die Kunst des Zweifelns* ($^{2}$2007).

Stephan Schlak
geb. 1974, ist Historiker und wissenschaftlicher Mitarbeiter am Lehrbereich Theorie der Politik der Humboldt-Universität zu Berlin.

Jürgen Trabant
geb. 1942, ist Professor für Romanische Sprachwissenschaft an der Freien Universität Berlin. Seine jüngsten Buchveröffentlichungen sind: *Europäisches Sprachdenken. Von Platon bis Wittgenstein* (2006) und *Cenni e voci. Saggi di sematologia vichiana* (2006).